趙爾巽等撰

清史稿

第二五册

卷二〇〇至卷二〇一（表）

中華書局

清史稿卷二百

表四十

疆臣年表四

各省總督　河督漕督附

咸豐元年辛亥	
直隸	訥爾經
兩江	陸建瀛
陝甘	琦善
四川	徐澤醇
閩浙	裕泰五
湖廣	程矞采
兩廣	徐廣縉
雲貴	吳文鎔
總漕	楊殿邦
江南河道	楊以增
河東河道	顏以煥

額

五月甲辰，薩迎阿暫署。乙巳，裕泰陝甘總

月乙巳還。季芝昌閩浙總督。九月乙丑病

督。閏八月辛亥，薩迎阿召。舒興阿署。十月

假。裕瑞兼署閩浙總督。

咸豐二年壬子	
訥爾經額	
陸建瀛	
舒興阿	癸卯，裕泰卒。舒興阿補。
徐澤醇七月壬	
季芝昌七月己	
程矞采九月己	
徐廣縉七月壬	
吳文鎔十月壬	
楊殿邦	
楊以增	
顏以燠六月戊	

申召。裕瑞兼署。十二月辛巳,徐澤醇遷。慧

酉假。王懿德兼署。十月壬辰,季芝昌免。吳

酉革。徐廣縉署。十二月辛丑革。逮。張亮基

申赴湘會剿。葉名琛兩廣總督。

辰遷。羅繞典雲貴總督。

戌降。慧成任。陸應穀署。十二月辛巳,慧成

咸豐三年癸丑	
訥爾經額九月	
陸建瀛正月壬	
舒興阿五月庚	
慧成八月己卯	成署四川總督。
吳文鎔二月	文鎔閩浙總督。
張亮基降調。八	署湖廣總督。
葉名琛	
羅繞典五月	
楊殿邦三月辛	
楊以增	
福濟三月辛未	遷。福濟河東河道總督。

丙午革。桂良直隸總督。

申被劾。祥厚署。二月壬辰，江寧失守，死

申差。易棠署陝甘總督。

遷。裕瑞四川總督。

己亥，王懿德兼署。六月辛巳，有鳳兼署。

月己卯，吳文鎔湖廣總督。

壬子，吳振棫兼署雲貴總督。

未革。福濟任。查文經護。十二月甲午，福

遷。長臻河東河道總督。

之。怡良兩江總督。楊文定署。

八月己卯，吳文鎔調。慧成閩浙總督。有鳳

濟。還邵燦漕運總督。楊以增兼署。

	咸豐四年甲寅
	桂良
	怡良
	易棠
	裕瑞九月丁亥。撤。黃宗漢四川總
仍署。	慧成正月戊午。差。王懿德閩浙總
	吳文鎔二月辛巳。陣亡。台湧任。六
	葉名琛
	羅繞典十月戊子。卒。恆春雲貴
	邵燦
	楊以增
	長臻

咸豐五年乙	
桂良	
怡良	
易棠	
黃宗漢	督。樂斌兼署。
王懿德	督。
楊霈四月己	月癸未革。楊霈湖廣總督。
葉名琛	
恆春	總督。
邵燦	
楊以增	
長臻五月庚	

咸	卯
桂	
怡	
易	
黃	
王	
官	未革。官文湖廣總督。
葉	
恆	
邵	
楊	
李	寅卒。李鈞河東河道總督。蔣啟敭署。

豐六年丙辰		
良		十二月己酉。遷。譚廷襄署直隸總督。
良		
棠		九月壬午病免。樂斌陝甘總督。常績護。
宗	漢	八月戊子召。吳振棫四川總督。樂斌
懿	德	
文		
名	琛	
春		
燦		
以	增	正月庚申卒。庚長江南河道總督。邵
鈞		

咸豐七年丁巳	
譚廷襄	
怡良　四月癸巳病免。何桂清兩	
樂斌	
吳振棫　六月乙亥遷。王慶雲四	署。
王懿德	
官文	
葉名琛　十二月己未革。黃宗漢	
恆春　六月乙亥自盡。吳振棫雲	
邵燦	
庚長	燦兼署。
李鈞	

江總督。	趙德轍署。
川總督。	有鳳署。
兩廣總督。	柏貴署。
貴總督。	桑春榮署。

咸豐八年戊午	
譚廷襄	六月己未革。
何桂清	
樂斌	
王慶雲	
王懿德	六月戊辰假。
官文	
黃宗漢	
吳振棫	十一月己亥
邵燦	
庚長	
李鈞	

	咸豐九年己未
慶祺直隸總督。瑞麟署。	慶祺二月壬戌
	何桂清
	樂斌十一月丁
	王慶雲四月壬
慶端署閩浙總督。	王懿德四月壬
	官文
	黃宗漢四月壬
病免。張亮基雲貴總督。	張亮基
	邵燦四月己未
	庚長
	李鈞三月己酉

卒。恆福直隸總督。文煜署。

亥陛見。林揚祖署陝甘總督。

寅還。黃宗漢四川總督。有鳳署。十月庚

戊病免。慶端閩浙總督。

寅還。王慶雲任。柏貴署。九月戊寅，慶雲

病免。袁甲三漕運總督。庚長兼署。十月

卒。黃贊湯河東河道總督。瑛棨署。

咸豐十年庚申	
恆福	
何桂清四月癸	
樂斌八月己卯	
曾望顏六月丁	子，曾望顏四川總督。
慶端	
官文	
勞崇光	病免。勞崇光兩廣總督。
張亮基十月庚	
聯英三閏月癸	乙卯，聯英署。
庚長五月己亥	
黃贊湯	

六月庚辰,裁江南河道總督。

未革。曾國藩兩江總督。徐有壬署。癸巳
入援。林揚祖署陝甘總督。九月辛亥,福
亥革。東純兼署。七月丁未卒。崇實署四

辰病免。劉源灝雲貴總督。徐之銘兼署。
亥病免。王夢齡署漕運總督。
革。王夢齡兼署。六月裁。

	咸豐十一年辛酉
	恆福正月丙午病
殉。薛煥暫署。	曾國藩
濟署。十月，樂斌回任。	樂斌
川總督。	崇實
	慶端
	官文
	勞崇光
庚辰，亮基暫留。	劉源灝七月戊申
	王夢齡十一月庚
	黃贊湯

免。文煜直隸總督。

召。福濟雲貴總督。十一月壬寅革。潘鐸署。

戊來京。吳棠署漕運總督。

	同治元年壬戌
直隸	文煜十二月甲辰罷。劉長佑直隸
兩江	曾國藩
陝甘	樂斌革。正月丙申，麟魁陝甘總督。
四川	駱秉章
閩浙	慶端遷。七月甲辰，耆齡閩浙總督。
湖廣	官文
兩廣	勞崇光閏八月甲辰罷。劉長佑兩
雲貴	潘鐸
漕運	吳棠
河道	黃贊湯七月乙巳遷。譚廷襄河東

總督。崇厚署。

戊戌卒。沈兆霖署。七月庚子卒。熙麟任。恩

廣總督。十二月甲辰遷。晏端書署。

河道總督。

	同治二年癸亥
	劉長佑
	曾國藩
麟護。	熙麟
	駱秉章
	耆齡三月甲子遷。左宗棠閩浙總
	官文
	晏端書五月丙寅罷。毛鴻賓兩廣
	潘鐸四月丁酉,勞崇光雲貴總
	吳棠
	譚廷襄

	同治三年甲子
	劉長佑
	曾國藩
	熙麟 五月乙巳病免。楊岳斌陝甘
	駱秉章
督。	左宗棠
	官文
總督。	毛鴻賓
督。	勞崇光
	吳棠
	譚廷襄 七月庚戌遷。鄭敦謹河東

同治四年乙丑	
劉長佑	
曾國藩赴山東	
楊岳斌	總督。都興阿署。恩麟護。
駱秉章假。八月	
左宗棠	
官文	
毛鴻賓二月丙	
勞崇光	
吳棠二月丙子	
鄭敦謹四月己	河道總督。

督師。李鴻章署兩江總督。

甲辰，崇實署四川總督。駱秉章尋回任。

子罷。吳棠署兩廣總督。瑞麟署。

遷。彭玉麟漕運總督。四月丁卯，吳棠留。

巳遷。張之萬河東河道總督。

同治五年丙寅

劉長佑

李鴻章十一月丙辰，剿匪。曾國藩回兩

楊岳斌八月癸卯罷。左宗棠陝甘總督。

駱秉章

左宗棠八月癸卯遷。吳棠閩浙總督。英

官文十一月丁巳免。譚廷襄署湖廣總

瑞麟

勞崇光

吳棠八月癸卯遷。張之萬漕運總督。

張之萬八月癸卯遷。蘇廷魁河東河道

同治六年丁卯	
劉長佑 十一月癸丑罷。官文	
曾國藩	江總督。
穆圖善	穆圖善署。
駱秉章 十二月丁酉卒。吳棠	
吳棠 七月庚申差。英桂兼署。	桂兼署。
官文 正月丙寅罷。李鴻章湖	督。
瑞麟	
勞崇光 二月癸丑卒。張凱嵩	
張之萬	
蘇廷魁	總督。

署直隸總督。

四川總督。崇實署。

十二月丁酉，吳棠遷。馬新貽閩浙總督。

廣總督。李瀚章署。十二月庚子，瀚章遷。郭

雲貴總督。宋延春護。

	同治七年戊辰
	官文 七月乙未罷。曾國藩直隸
	曾國藩 七月乙未遷。馬新貽兩
	穆圖善
	吳棠
	馬新貽 七月乙未遷。英桂閩浙
柏蔭署。	郭柏蔭
	瑞麟
	張凱嵩 二月癸丑罷。劉嶽昭雲
	張之萬
	蘇廷魁

	同治八年己巳
總督。	曾國藩
江總督。	馬新貽
	穆圖善十月卸。左宗棠陝甘總
	吳棠
總督。	英桂
	郭柏蔭卸。李鴻章正月壬午任。
	瑞麟
貴總督。	劉嶽昭
	張之萬
	蘇廷魁

同治	
曾國	
馬新	
左宗	督。
吳棠	
英桂	
李鴻	十二月甲辰,貴州督師。李瀚章署。
瑞麟	
劉嶽	
張之	
蘇廷	

九年庚午	
藩	八月丁酉遷。李鴻章直隸總督。
貽	八月丁酉被刺。曾國藩兩江總督。魁玉
棠	
章	八月丁酉遷。李瀚章湖廣總督。
昭	
萬	閏十月丙子遷。張兆棟漕運總督。
魁	

	同治十年辛未
	李鴻章
署。	曾國藩
	左宗棠
	吳棠
	英桂正月乙卯入覲。文煜兼署閩浙
	李瀚章
	瑞麟
	劉嶽昭
	張兆棟六月戊寅遷。蘇鳳文漕運總
	蘇廷魁八月庚辰罷。喬松年河東河

同治十一	
李鴻章	
曾國藩二	
左宗棠	
吳棠	
李鶴年	總督。十一月己丑，李鶴年代。
李瀚章	
瑞麟	
劉嶽昭	
張樹聲未	督。十二月甲申，張樹聲代。
喬松年	道總督。

壬申年

月丙寅，卒。何璟署兩江總督。十月丙子

任。二月丙辰，恩錫署漕運總督。丙寅，還。

同治十二年癸酉		
李鴻章		
張樹聲	正月丙戌遷李。	憂免。張樹聲署。
左宗棠		
吳棠		
李鶴年		
李瀚章		
瑞麟		
劉嶽昭	八月癸未入覲。	
文彬	十月壬午調。恩錫	文彬代署。
喬松年		

	同治十三年
	李鴻章
宗羲兩江總督。	李宗羲十二
	左宗棠
	吳棠
	李鶴年
	李瀚章
	瑞麟九月丁
岑毓英兼署雲貴總督。	岑毓英
署漕運總督。文彬尋回任。	文彬
	喬松年

光緒元	甲戌
直隸	
兩江	月癸酉病免。劉坤一署兩江總督。
陝甘	
四川	
閩浙	
湖廣	
兩廣	未卒。英翰兩廣總督。張兆棟兼署。
雲貴	
漕運	
河道	
東三省	

年乙亥

李鴻章

劉坤一　四月壬辰，沈葆楨兩江總督。

左宗棠

吳棠　十二月甲申病免。李瀚章四川總

李鶴年

李瀚章　五月壬子差。翁同爵兼署湖廣

張兆棟　二月壬辰卸。英翰兩廣總督。八

岑毓英　十一月己亥，劉長佑雲貴總

文彬

喬松年　二月戊子卒。曾國荃河東河道

光緒	
李鴻	
沈葆	
左宗	
文格	督。文格護。
李鶴	
翁同	總督。
劉坤	月丁卯免。劉坤一代。張兆棟仍署。
岑毓	督。毓英仍署。
文彬	
曾國	總督。

二年丙子
章
楨
棠
年三月丙寅陛見。文煜署。鶴年八月丁酉
爵 八月丁酉，李瀚章復授湖廣總督。
一
英四月乙酉卸。劉長佑雲貴總督。
荃八月丁酉遷。李鶴年河東河道總督。

光緒三年	
李鴻章	
沈葆楨	
左宗棠	
文格三月	
何璟	遷。何璟閩浙總督。文煜仍署。
李瀚章	
劉坤一	
劉長佑	
文彬	
李鶴年	

丁丑	光緒四年戊
	李鴻章
	沈葆楨二月
	左宗棠
壬午卸。丁寶楨四川總督。	丁寶楨
	何璟
	李瀚章
	劉坤一十一
	劉長佑
	文彬
	李鶴年

寅

乙巳。假吳元炳署兩江總督。五月，葆楨回。

月庚午。假裕寬署兩廣總督。

光緒五年己卯

李鴻章

沈葆楨 三月庚申入覲。吳元炳署。五月

左宗棠

丁寶楨

何璟

李瀚章

劉坤一 十一月甲申遷。張樹聲兩廣總

劉長佑

文彬 八月癸亥入覲。薛允升署漕運總

李鶴年

辛巳，葆楨回。十一月乙亥卒。甲申，劉坤一

督。裕寬署。

督。

	光緒六年庚辰
	李鴻章
兩江總督。	劉坤一六月癸卯任。
	左宗棠十一月戊申入覲。楊
	丁寶楨
	何璟
	李瀚章
	裕寬四月己酉卸。張樹聲任。
	劉長佑
	薛允升卸。文彬回。六月卒。黎
	李鶴年

光緒七年辛	
李鴻章	
劉坤一七月	
楊昌濬二	昌濬陝甘總督。
丁寶楨	
何璟	
李瀚章	
張樹聲	
劉長佑	
黎培敬五月	培敬漕運總督。譚鈞培護。
李鶴年八月	

巳

戊子來京。彭玉麟署。九月乙未，左宗棠兩
月癸巳，曾國荃陝甘總督。八月壬午病免。

丙子遷。周恆祺漕運總督。
壬申遷。勒方錡河東河道總督。丁亥病免。

光緒八年壬午	
李鴻章三月戊子丁憂。	
左宗棠	江總督。
譚鍾麟	譚鍾麟陝甘總督。
丁寶楨	
何璟	
李瀚章三月乙未憂免。	
張樹聲三月戊子遷。裕	
劉長佑五月壬辰入覲。	
周恆祺正月辛亥免。慶	
梅啓照	梅啓照代。

張樹聲署直隸總督。
涂宗瀛湖廣總督。彭祖賢兼署。
寬暫兼署。四月己巳，曾國荃兩廣總督。
岑毓英雲貴總督。
裕署漕運總督。

光緒九年癸未	
張樹聲	六月戊午回本任。李鴻章直隸
左宗棠	
譚鍾麟	
丁寶楨	
何璟	
涂宗瀛	五月壬寅免。卞寶第署湖廣總
曾國荃	六月戊午來京。張樹聲回任兩
岑毓英	
慶裕	二月庚辰遷。楊昌濬漕運總督。譚
梅啓照	二月庚辰革。慶裕河東河道總

光緒十年甲	
李鴻章	總督。
左宗棠正月	
譚鍾麟	
丁寶楨	
何璟七月己	
卞寶第	督。
張樹聲四月	廣總督。
岑毓英	
楊昌濬七月	鈞培護。
成孚	督。十二月戊辰遷。成孚代。

申
乙未假。裕祿兩江總督。癸卯,曾國荃署。
巳召。楊昌濬閩浙總督。張兆棟兼署。
壬申病免。張之洞兩廣總督。
丁巳差。孫鳳翔署。王加敏護。己巳,吳元炳

光緒十一年乙酉	
李鴻章	
曾國荃	
譚鍾麟	
丁寶楨	
楊昌濬	
卞寶第二月乙未	
張之洞	
岑毓英	
吳元炳二月乙未	漕運總督。孫鳳翔署。
成孚	

光	九月庚子，閩浙總督兼管福建巡撫。
李	
曾	
譚	
丁	
楊	
裕	回本任。裕祿署湖廣總督。
張	
岑	
崧	遷。丙申，崧駿漕運總督。
成	

緒十二年丙戌
鴻章
國荃
鍾麟
寶楨五月己亥卒。劉秉璋四川總督。游智
昌濬
祿
之洞
毓英
駿五月庚子遷。盧士杰署漕運總督。
孚

光緒十三年丁亥	
李鴻章	
曾國荃七月甲戌入覲。裕祿署。九	
譚鍾麟	
劉秉璋	開護。
楊昌濬	
裕祿四月庚午入覲。奎斌兼署湖	
張之洞	
岑毓英	
盧士杰	
成孚九月癸未革。李鶴年署河東	

光緒十四年	
李鴻章	
曾國荃	月庚申，國荃回。
譚鍾麟二月	
劉秉璋	
楊昌濬二月	
裕祿	廣總督。九月壬申，裕祿回。
張之洞	
岑毓英	
盧士杰九月	
李鶴年七月	河道總督。

戊子

丁未病免。楊昌濬陝甘總督。

丁未遷。卞寶第署閩浙總督。

甲戌卒。李瀚章署漕運總督。徐文達護。

庚申革。吳大澂署河東河道總督。李鴻藻

光緒十五年己丑	
李鴻章	
曾國荃	
楊昌濬	
劉秉璋	
卞寶第	
裕祿七月甲寅遷。丙辰，張之洞湖	
張之洞七月丙辰遷。李瀚章署兩	
岑毓英六月丙子卒。王文韶雲貴	
李瀚章七月丙辰遷。松椿漕運總	
吳大澂	暫署。

	光緒十六年庚寅
	李鴻章
	曾國荃十月丁未卒。劉
	楊昌濬
	劉秉璋
	卞寶第
廣總督。	張之洞
廣總督。	李瀚章
總督。譚鈞培署。	王文韶
督。徐文達護。	松椿
	吳大澂正月癸亥假。倪

坤一兩江總督。沈秉成署。

文蔚署。二月己卯，大澂憂。許振禕河東河

	光緒十七年辛卯
	李鴻章
	劉坤一　三月乙酉任。沈秉成卸。
	楊昌濬
	劉秉璋
	卞寶第
	張之洞
	李瀚章
	王文韶
	松椿
道總督。	許振禕

光緒十八年壬辰

李鴻章

劉坤一

楊昌濬

劉秉璋

卞寶第 五月己卯病免。乙酉，譚鍾麟閩

張之洞

李瀚章

王文韶

松椿

許振禕

	光緒十九年癸巳
	李鴻章
	劉坤一
	楊昌濬
	劉秉璋
浙總督。希元署。	譚鍾麟
	張之洞
	李瀚章
	王文韶
	松椿
	許振禕十一月壬寅入

光緒二十	
李鴻章	
劉坤一召。	
楊昌濬	
劉秉璋十	
譚鍾麟十	
張之洞九	
李瀚章	
王文韶九	
松椿七月	
許振禕	觀。裕寬兼署河東河道總督。

年 甲午

十月戊申,張之洞署兩江總督。

月丁卯開缺。譚鍾麟四川總督,未任。

月丁卯遷。邊寶泉閩浙總督。

月丙辰召。譚繼洵署湖廣總督。

月辛亥召。譚鈞培署雲貴總督。十一月

甲戌祝嘏。鄧華熙署漕運總督。

	光緒二十一年乙未	
	李鴻章	正月辛未召。王文
	張之洞	
	楊昌濬	十月辛未免。陶模
	劉秉璋	三月癸巳革。鹿傳
	邊寶泉	
	譚繼洵	十一月甲寅,張
	李瀚章	三月癸巳,譚鍾
卒。岑毓寶護。	岑毓寶	正月庚辰卸。崧蕃
	松椿	
	許振禕	十二月戊辰遷。劉

光緒二十二	
王文韶	督。總隸直韶
劉坤一正月	
陶模	督。總甘陝署
鹿傳霖	督。總川四霖
邊寶泉	
張之洞	任。回洞之
譚鍾麟	督。總廣兩署麟
崧蕃	督。總貴雲
松椿	
任道鎔正月	督。總道河東河署兼堂樹

年丙申	光緒二十三年丁
	王文韶
壬子，回兩江總督。	劉坤一
	陶模
	鹿傳霖九月戊辰
	邊寶泉
	張之洞
	譚鍾麟
	崧蕃
	松椿
壬寅，河東河道總督。	任道鎔

酉

來京。李秉衡四川總督。恭壽署。十一月癸

光緒二十四年戊戌	
王文韶四月己酉召。	
劉坤一	
陶模	
恭壽署。五月丙子，奎	卯，裕祿四川總督。
邊寶泉九月辛酉免。	
張之洞召。閏三月庚	
譚鍾麟	
崧蕃	
松椿	
任道鎔　七月乙丑	

七月乙丑,裁河東河道總督。九月戊辰

榮祿直隸總督。八月甲午遷。裕祿直隸

俊四川總督。七月,恭壽卒。文光護。十一

許應騤閩浙總督。增祺署。

午,譚繼洵兼署湖廣總督。四月甲午,之

裁。九月戊辰,任道鎔仍任河東河道總

復設。	光緒二十五年己亥
總督。袁世凱護。	裕祿
	劉坤一十一月丙寅入
	陶模十月甲辰入覲。魏
月甲辰，奎俊任。	奎俊
	許應騤
洞回任。	張之洞
	譚鍾麟十一月辛酉召。
	崧蕃
	松椿
督。	任道鎔四月癸巳假。裕

光緒二	
裕祿	
劉坤一	觀。鹿傳霖署兩江總督。
魏光燾	光燾署陝甘總督。
奎俊	
許應騤	
張之洞	
李鴻章	李鴻章署兩廣總督。德壽暫署。
崧蕃十	
松椿十	
任道鎔	長兼署河東河道總督。

十六年庚子

六月癸未,李鴻章直隸總督。七月庚戌,裕

四月丙子,回兩江總督。

十月壬午,遷。崧蕃陝甘總督。何福堃護。十

六月癸未,遷。德壽兼署。閏八月壬寅,陶模

月壬午,遷。魏光燾雲貴總督。丁振鐸兼護。

月壬寅,免。張人駿漕運總督。

二月丙辰,入覲。裕長兼署河東河道總督。

光	
李	祿殉。癸亥，廷雍署。閏八月丁未，鴻章任。
劉	
李	一月癸未，李廷簫代護。
奎	
許	
張	
陶	兩廣總督。
魏	
張	
任	四月壬午，道鎔回任。

緒二十七年辛丑
鴻章九月己丑卒。袁世凱署直隸總督。周
坤一
廷簫正月丙子卒。何福堃護。二月甲子，崧
俊
應騤
之洞
模
光燾五月丙寅任。
人駿九月己丑遷。庚寅，恩壽署漕運總督。沈
道鎔四月辛丑遷。錫良河東河道總督。

馥護。

蕃陝甘總督。

瑜慶護。癸丑，恩壽還。陳夔龍漕運總督。

光緒二十八年壬寅正月甲申，裁河東

袁世凱九月甲戌假。吳重禧暫護。十一

劉坤一九月癸巳卒。張之洞署。李有棻

崧蕃

奎俊七月庚申開缺。岑春煊署四川總

許應騤

張之洞九月癸巳遷。端方暫署湖廣總

陶模五月丙戌開缺。丁亥，德壽署兩廣

魏光燾十一月壬戌遷。丁振鐸署雲貴

陳夔龍

錫良正月甲申裁缺。

光緒	河道總督。
袁世	月丁丑,袁世凱回任。
張之	護。十一月壬戌,魏光燾兩江總督。
崧蕃	
岑春	督。
許應	
端方	督。
德壽	總督。
林紹	總督。林紹年暫署。
陳夔	

二十九年癸卯

凱

洞二月丁未入覲。魏光燾任。

煊三月丙子調。錫良四川總督。陳璚護。

騤三月壬辰免。癸巳,錫良閩浙總督。崇善

三月丙子調。岑春煊署兩廣總督。

年三月丁巳卸。丁振鐸任雲貴總督。

龍三月丙子調。德壽漕運總督。四月癸卯,

署。三月丙子，李興銳代署。

陸元鼎署。十一月戊申，德壽卒。元鼎補。

光緒三十年甲辰十二月丙寅,裁漕運

袁世凱

魏光燾 七月戊戌調。李興銳署。九月丁

崧蕃

錫良

李興銳 七月戊戌調。魏光燾閩浙總督。

端方 三月癸亥卸。張之洞回湖廣總督。

岑春煊

丁振鐸

陸元鼎 四月己未調。恩壽漕運總督。楊

總督。

酉卒。庚子，周馥署兩江總督。端方暫署。

崇善暫署。

鴻度護。

光緒三十一年乙巳

袁世凱

周馥

崧蕃　三月丁丑調。升允陝甘總督。

錫良

魏光燾　正月甲午免。升允代。崇善兼署。

張之洞

岑春煊

丁振鐸

三月丁丑，升允遷。崧蕃閩浙總督，未任卒。

光緒三十二年丙	
袁世凱	
周馥 七月己酉調。	
升允	
錫良	
崇善 署。七月己酉,	十二月己酉,端方補。
張之洞	
岑春煊 七月戊午	
丁振鐸 七月戊午	

午
端方兩江總督。
端方遷。周馥代。戊午遷。丁振鐸代。尋免。
調。周馥兩廣總督。
調。岑春煊雲貴總督。

光緒三十三年丁未三月丁丑,設東三

袁世凱七月丙辰遷。楊士驤署直隸總

端方

升允

錫良正月辛亥遷。趙爾豐護。三月壬子,

松壽正月壬子,閩浙總督。

張之洞七月丁巳遷。趙爾巽湖廣總督。

周馥四月丁丑免。岑春煊兩廣總督。胡

岑春煊正月辛亥遷。錫良雲貴總督。

徐世昌三月己亥,東三省總督。五月壬

省總督,兼管將軍事務。

督。

趙爾巽四川總督,未任。七月丁巳遷。陳

李岷琛護。

湘林護。七月癸巳,岑春煊免。張人駿兩

辰任。

光緒三十四	
楊士驤	
端方	
升允	
陳夔龍二月	夔龍四川總督。爾豐仍護。
松壽	
趙爾巽二月	
張人駿	廣總督。
錫良	
徐世昌	

年戊申	宣統元年己	
	直隸	楊士
	兩江	端方
	陝甘	升允
庚申遷。趙爾巽四川總督。	閩浙	松壽
	湖廣	陳夔
庚申遷。陳夔龍湖廣總督。	四川	趙爾
	兩廣	張人
	雲貴	錫良
	東三省	徐世

酉

驤五月卒。端方直隸總督。那桐署。十月,端

五月調。張人駿兩江總督。樊增祥護。

五月免。長庚陝甘總督。毛慶蕃護。

龍十月調。瑞澂署湖廣總督。

巽

駿五月調。袁樹勛署兩廣總督。胡湘林護。

正月調。李經羲雲貴總督。沈秉堃護。

昌正月召來京。錫良東三省總督。

宣	
陳	方革。陳夔龍調直隸總督。崔永安護。
張	
長	
松	
瑞	
趙	
袁	
李	
錫	

統 二年庚戌三月，東三省總督兼管奉
夔 龍
人 駿
庚
壽
澂 七月丙辰陞見。王乃徵護。
爾 巽
樹 勛 九月病免。張鳴岐署兩廣總督。增
經 羲
良

宣統三年辛亥		天巡撫。
陳夔龍	十二月病免。張鎮芳署。	
張人駿	十月，民軍入江寧，人	
長庚		
松壽	十月，民軍據福州，死之。	
瑞澂	八月，民軍據武昌，瑞澂	
趙爾巽	三月調。趙爾豐署四川	
張鳴岐	九月，民軍據廣州，鳴	祺兼署。
李經羲	九月甲戌，民軍據雲	
錫良	三月病免。趙爾巽東三省	

駿去職。十二月，張勳署兩江總督。

棄城走。甲寅，革。甲子，袁世凱湖廣總督。九

總督。王人文護。十月辛丑，民軍據成都，爾

岐去職。

南，經羲去職。

總督。

月遷。魏光燾湖廣總督。王士珍署。皆未任。

豐死之。

段祺瑞署湖廣總督。

清史稿卷二百一

表四十一

疆臣年表五　各省巡撫

	順治元年甲申
順天	宋權五月，命
天津	雷興十月乙
保定	王文奎七月
宣府	李鑑五月甲
山東	方大猷七月
登萊	陳錦七月甲
山西	馬國柱七月
河南	羅繡錦七月

	順治二年乙酉	
巡撫順天如故。	順天	宋權
丑，巡撫天津。	天津	雷興四月
壬子，巡撫保定。	保定	王文奎四
辰，巡撫宣府。	宣府	李鑑二月
壬辰，巡撫山東。	江寧	土國寶七
辰，巡撫登萊。	安盧池太	劉應賓七
甲辰，巡撫山西。	鳳陽	趙福星五
壬子，巡撫河南。	山東	方大猷六
	登萊	陳錦七月
	山西	馬國柱十
	河南	羅繡錦十
	陝西	雷興四月
	延綏	王正志五
	甘肅	黃圖安四
	寧夏	焦安民四
	浙江	蕭起元十
	江西	李翔鳳十
	鄖陽	潘士良七
	南贛汀韶	苗胙土十
	湖廣	何鳴鑾七
	偏沅	高斗光七
	操江	陳錦七月

辛酉調。張忻巡撫天津。

月辛酉遷。郝晉巡撫保定。甲戌，王文奎留

己未遷。馮聖兆巡撫宣府。

月乙卯，巡撫江寧。

月乙卯，巡撫安、廬、池、太。

月庚寅，巡撫鳳陽。十月乙未罷。十一月戊

月甲寅降。乙卯，丁文盛巡撫山東。

丁丑調。乙卯，楊聲遠巡撫登萊。

月癸未遷。丙午，申朝紀巡撫山西。

一月壬子遷。甲寅，吳景道巡撫河南。

辛酉，巡撫陝西。

月丁亥，巡撫延綏。

月辛酉，巡撫甘肅。

月辛酉，巡撫寧夏。

月丙午，巡撫浙江。

月丙午，巡撫江西。

月己未，撫治鄖陽。

月丙申，巡撫南、贛、汀、韶。

月己未，巡撫湖廣。

月己未，巡撫偏沅。

丁丑，提督操江兼巡撫。

順治三年	
順天	
天津	
保定	任。五月庚寅遷。丁酉，郝晉代。
宣府	
江寧	
安徽	
鳳陽	寅，陳之龍代。
山東	
登萊	
山西	
河南	
陝西	
延綏	
甘肅	
寧夏	
浙江	
江西	
鄖陽	
南贛汀韶	
湖廣	
偏沅	
操江	

丙戌		
宋	權	正月乙酉擢。柳寅東二月戊子，巡
張	忻	
郝	晉	罷。十二月丙戌，于清廉巡撫保定。
馮	聖	兆
土	國	寶
劉	應	賓 十月甲申罷。癸巳，李棲鳳巡撫
陳	之	龍
丁	文	盛
楊	聲	遠
申	朝	紀
吳	景	道
雷	興	
王	正	志
黃	圖	安 七月戊辰罷。周伯達署甘肅巡
焦	安	民 四月己卯遇害。己亥，張尚寧夏
蕭	起	元
李	翔	鳳 十月甲申卒。章于天巡撫江西。
潘	士	良 二月乙未免。
苗	胙	土 十二月丙戌，劉武元巡撫南
高	士	俊 六月壬辰，湖廣巡撫。
高	斗	光
陳	錦	

順治四年		
順天	柳寅	撫順天。
天津	張忻	
保定	于清	
江寧	土國	
安徽	李棲	
鳳陽	陳之	安徽。
山東	丁文	
登萊	楊聲	
山西	申朝	
河南	吳景	
陝西	雷興	
延綏	王正	
甘肅	周伯	
寧夏	胡全	撫。
福建	佟國	巡撫。十月甲申，胡全才代。
浙江	蕭起	
江西	章于	
鄖陽	潘士	
南贛	劉武	贛。
湖廣	高士	
偏沅	高光	
操江	陳錦	

丁亥
東三月己未罷。耿焞巡撫順天。
九月戊申降。丁巳，李猶龍巡撫天津。
廉
寶二月丁酉降。三月己未，周伯達巡撫江
鳳九月甲子降。十月庚午，王懩巡撫安徽。
龍
盛正月庚午罷。二月辛酉，張儒秀巡撫山
遠正月乙卯遷。辛酉，朱國柱巡撫登萊。
紀七月癸丑遷。丙寅，祝世昌巡撫山西。
道
正月乙卯，黃爾性巡撫陝西。
志
達三月己未調。八月辛卯，張文衡巡撫甘
才
鼐二月戊戌，巡撫福建。
元
天
良二月丁酉免。三月己未，趙兆麟撫治鄖
元
俊
斗十月戊寅降。癸未，線縉巡撫偏沅。
十二月壬申遷。甲戌，李日芃巡撫操江。

		順治五年戊子
	順天	耿焞 三月辛酉遷。
	天津	李猶龍 八月乙卯
	保定	于清廉
寧。劉今尹署。	江寧	周伯達 閏四月甲
	安徽	王懩 五月壬午調。
	鳳陽	陳之龍 五月辛未
東。	山東	張儒秀 二月己巳
	登萊	朱國柱
	山西	祝世昌
	河南	吳景道
	陝西	黃爾性
	延綏	王正志
肅。	甘肅	張文衡 六月癸
	寧夏	胡全才 二月壬辰
	福建	佟國鼐 八月乙
	浙江	蕭起元
	江西	章于天 五月癸
陽。	鄖陽	趙兆麟
	南贛	劉武元
	湖廣	高士俊 閏四月
	偏沅	線縉
	四川	李國英 閏四月癸
	操江	李日芃

四月丁卯，楊國興巡撫順天。
罷。夏玉巡撫天津。

寅卒。五月壬午，土國寶巡撫江寧。
己丑，劉弘遇巡撫安徽。
降。壬午，趙福星巡撫鳳陽。八月己酉，王
罷。壬辰，呂逢春巡撫山東。

卯，周文葉巡撫甘肅。
罷。李鑑巡撫寧夏。
卯，張學聖巡撫福建。

未，朱延慶巡撫江西。

己未，遲日益巡撫湖廣。

卯，巡撫四川。

	順治	六年己丑五月癸未,裁	
	順天	楊國興	
	保定	于清廉	
	江寧	土國寶	
	山東	呂逢春	九月丁巳降。丙
	登萊	朱國柱	
一品代。	山西	祝世昌	
	河南	吳景道	
	陝西	黃爾性	
	延綏	王正志	三月丁卯,因延
	甘肅	周文葉	
	寧夏	胡全才	二月戊午罷。李
	福建	張學聖	
	浙江	蕭起元	
	江西	朱延慶	
	鄖陽	趙兆麟	
	南贛	劉武元	
	湖廣	遲日益	
	偏沅	線縉	正月丁丑罷。辛巳,
	四川	李國英	
	廣東	李棲鳳	五月丙子,巡撫
	廣西	郭肇基	五月丙子,巡撫
	操江	李日芃	

天津、鳳陽、安徽巡撫。八月，直隸山東河

寅，夏玉巡撫山東。

安、榆林陷，死之。四月癸丑，董宗聖巡撫

鑑巡撫寧夏。

金廷獻巡撫偏沅。

廣東。

廣西。

南總督兼保定巡撫。	順治	七年庚寅
	順天	楊國興
	江寧	土國寶
	山東	夏玉
	登萊	朱國柱
	山西	祝世昌
	河南	吳景道
	陝西	黃爾性五
	延綏	董宗聖
延綏。	甘肅	石維崐五
	寧夏	李鑑
	福建	張學聖
	浙江	蕭起元
	江西	朱延慶九
	鄖陽	趙兆麟
	南贛	劉武元
	湖廣	遲日益
	偏沅	金廷獻
	四川	李國英
	廣東	李棲鳳
	廣西	郭肇基
	操江	李日芃

二月甲午，劉弘遇巡撫山西。

月甲寅降。七月壬戌，馬之先巡撫陝西。

月甲寅降。周文葉巡撫甘肅。

月庚午卒。

二月甲午，王一品巡撫廣西。

順治八年辛卯		
順天	楊國興	
江寧	土國寶	十月丙辰罷。十二月丁巳
山東	夏玉	
登萊	朱國柱	
山西	劉弘遇	
河南	吳景道	
陝西	馬之先	
延綏	董宗聖	
甘肅	周文葉	
寧夏	李鑑	十二月辛亥卒。
福建	張學聖	
浙江	蕭起元	
江西	夏一鶚	正月丙寅，巡撫江西。
鄖陽	趙兆麟	
南贛	劉武元	
湖廣	遲日益	
偏沅	金廷獻	
四川	李國英	
廣東	李棲鳳	
廣西	王一品	十二月丁卯病免。
操江	李日芃	

順治	
順天	
江寧	自縊。丁卯，周國佐巡撫江寧。
山東	
登萊	
山西	
河南	
陝西	
延綏	
甘肅	
寧夏	
福建	
浙江	
江西	
鄖陽	
南贛	
湖廣	
偏沅	
四川	
廣東	
廣西	
操江	

九年壬辰四月丁未，裁登萊巡撫。	
楊國興	九月壬申病免。甲申，王來用巡
周國佐	
夏玉	
朱國柱	
劉弘遇	
吳景道	
馬之先	
董宗聖	
周文葉	
孫茂蘭	二月辛酉，巡撫寧夏。
張學聖	
蕭起元	
夏一鶚	二月戊午卒。四月丙午，蔡士英
趙兆麟	
劉武元	
遲日益	
金廷獻	
李國英	
李棲鳳	
陳維新	正月乙酉，巡撫廣西。
李日芃	

		順治十年癸巳
巡撫順天。	順天	王來用
	江寧	周國佐
	山東	夏玉
	山西	劉弘遇
	河南	吳景道　八月丙戌，
	陝西	馬之先
	延綏	董宗聖
	甘肅	周文葉
	寧夏	孫茂蘭
	福建	張學聖　二月甲子罷。
	浙江	蕭起元
	江西	蔡士英
巡撫江西。	鄖陽	趙兆麟　正月癸未病
	南贛	劉武元　閏六月戊子
	湖廣	遲日益
	偏沅	金廷獻　十一月戊申
	四川	李國英
	廣東	李棲鳳
	廣西	陳維新
	操江	李日芃

雷興巡撫河南。十一月戊申，亢得時代。

四月丙午，佟國器巡撫福建。

免。庚寅，朱國柱撫治鄖陽。

病免。七月辛丑，宜永貴巡撫南贛。

病免。十二月癸亥，馮聖兆巡撫偏沅。

順治十一年甲午		
順天	王來用	八月戊寅降。九月丙申，董
江寧	周國佐	八月庚午免。甲戌，張中元
山東	夏玉	二月庚午降。壬午，耿焞巡撫
山西	劉弘遇	二月庚午降。壬午，陳應泰
河南	亢得時	
陝西	馬之先	四月遷。陳極新巡撫陝西。
延綏	董宗聖	九月壬子，馮聖兆巡撫
甘肅	周文葉	
寧夏	孫茂蘭	二月庚午免。壬午，黃圖安
福建	佟國器	
浙江	蕭起元	降。四月丁亥，秦世禎巡撫
江西	蔡士英	
鄖陽	朱國柱	二月庚午病免。己酉，胡全
南贛	宜永貴	
湖廣	遲日益	二月庚午罷。壬午，林天擎
偏沅	袁廓宇	正月己酉，巡撫偏沅。
四川	李國英	
廣東	李棲鳳	
廣西	陳維新	十月癸酉免。
操江	李日芃	

	順治十二年乙未	
順天	董天機	天機巡撫直隸。
江寧	張中元	巡撫江寧。
山東	耿焞	山東。
山西	陳應泰 十二月	巡撫山西。
河南	亢得時	
陝西	陳極新	
延綏	馮聖兆	延綏。
甘肅	周文葉	
寧夏	黃圖安	巡撫寧夏。
福建	佟國器 三月庚	
浙江	秦世禎 十二月	浙江。
江西	蔡士英 二月降。	
鄖陽	胡全才	才撫治鄖陽。
南贛	宜永貴 三月庚	
湖廣	林天擎	巡撫湖廣。
偏沅	袁廓宇	
四川	李國英	
廣東	李棲鳳	
廣西	于時躍 正月癸	
操江	李日芃 十一月	

順治	
順天	
江寧	
山東	
山西	甲戌調。白如梅巡撫山西。
河南	
陝西	
延綏	
甘肅	
寧夏	
福建	子調。宜永貴巡撫福建。
浙江	甲戌調。陳應泰巡撫浙江。
江西	郎廷佐巡撫江西。
鄖陽	
南贛	子調。佟國器巡撫南贛。
湖廣	
偏沅	
四川	
廣東	
廣西	卯，巡撫廣西。
操江	卒。十二月甲戌，秦世禎巡撫操江。

十三年丙申

董天機

張中元

耿焞

白如梅

亢得時

陳極新

馮聖兆

周文葉 七月乙卯病免。戊午,佟延年巡

黃圖安

宜永貴 閏五月癸丑病免。己未,劉漢祚

陳應泰

郎廷佐 閏五月己未遷。丙寅,張朝璘巡

胡全才 十月甲午遷。丙申,張尙撫治鄖

佟國器

林天擎 九月己巳降。十一月丙寅,張長

袁廓宇

李國英

李棲鳳

于時躍

秦世禎 九月己巳降。十月丁丑,蔣國柱

順治十四年丁酉			
順天	董天機		
江寧	張中元		
山東	耿焞		
山西	白如梅		
河南	亢得時	九	
陝西	陳極新		
延綏	馮聖兆		
甘肅	佟延年		撫甘肅。
寧夏	黃圖安		
福建	劉漢祚		巡撫福建。
浙江	陳應泰		
江西	張朝璘		撫江西。
鄖陽	張尙		陽。
南贛	佟國器		
湖廣	張長庚		庚巡撫湖廣。
偏沅	袁廓宇		
四川	李國英	九	
廣東	李棲鳳		
廣西	于時躍		
操江	蔣國柱		提督操江,巡撫安徽。

順治	
順天	
保定	
江寧	
山東	
山西	月辛丑遷。丙午，賈漢復巡撫河南。
河南	
陝西	
延綏	
甘肅	
寧夏	
福建	
浙江	
江西	
鄖陽	
南贛	
湖廣	
偏沅	月辛丑遷。癸丑，高民瞻巡撫四川。
四川	
廣東	
廣西	
貴州	
操江	

十五年戊戌五月乙丑,裁直隸總督,分

董天機十月壬午,祖重光巡撫順天。

潘朝選七月己酉,巡撫保定。

張中元

耿焞十二月乙酉降。

白如梅

賈漢復

陳極新

馮聖兆正月甲寅養。丙寅,周召南巡撫

佟延年

黃圖安

劉漢祚

陳應泰五月甲辰病免。六月壬寅,佟國

張朝璘

張尚

佟國器六月壬申調。蘇弘祖巡撫南贛。

張長庚

袁廓宇

高民瞻

李棲鳳六月辛巳遷。七月己酉,董應魁

于時躍

趙廷臣六月辛未,巡撫貴州。

蔣國柱

順治	十六年己亥		
			設順天、保定二巡撫。
順天	祖重光		
保定	潘朝選		
江寧	張中元	正	
山東	許文秀	二	
山西	白如梅		
河南	賈漢復		
陝西	陳極新	閏	
延綏	周召南	二	延綏。
甘肅	佟延年		
寧夏	黃圖安	四	
福建	劉漢祚	休。	
浙江	佟國器		器巡撫浙江。
江西	張朝璘		
鄖陽	張尙		
南贛	蘇弘祖		
湖廣	張長庚		
偏沅	袁廓宇		
四川	高民瞻		
廣東	董應魁		巡撫廣東。
廣西	于時躍		
雲南	林天擎	正	
貴州	趙廷臣	正	
操江	蔣國柱	三	

月丁巳病免。三月丙申，蔣國柱巡撫江寧。

月壬午，巡撫山東。

三月乙丑降。丁亥，張自德巡撫陝西。

月庚寅罷。三月己亥，張仲第巡撫延綏。

月丁巳降。五月己巳，劉秉政巡撫寧夏。

正月丁酉，徐永禎巡撫福建。

月癸卯，巡撫雲南。

月癸丑遷。卞三元巡撫貴州。

月丙申調。戊申，朱衣助提督操江，巡撫安

順治十七年庚		
順天	祖重光	
保定	潘朝選	
江寧	朱國治	八月乙卯罷。
安徽	宜永貴	
鳳陽	林起龍	
山東	許文秀	
山西	白如梅	
河南	賈漢復	
陝西	張自德	
延綏	張仲第	
甘肅	佟延年	
寧夏	劉秉政	
福建	徐永禎	
浙江	佟國器	
江西	張朝璘	
鄖陽	張尚三	
南贛	蘇弘祖	
湖廣	張長庚	
偏沅	袁廓宇	
四川	高民瞻	
廣東	董應魁	
廣西	于時躍	
雲南	林天擎	徽。八月癸巳，宜永貴代。
貴州	卞三元	

子

三月甲戌免。四月丙申，劉祚遠巡撫保

正月丙寅，巡撫江寧。

二月壬寅，巡撫鳳陽。

六月庚子免。八月丁亥，彭有義巡撫河

三月癸酉免。四月丙申，張瑃巡撫陝西。

二月辛丑罷。三月甲子，史紀功巡撫浙

月甲戌免。四月癸卯，白秉真撫治鄖陽。

六月戊子，楊茂勳巡撫湖廣。

七月己巳罷。九月甲子，佟鳳彩巡撫四

正月甲申罷。三月甲戌，袁懋功巡撫雲

定。六月庚子免。九月壬申,王登聯代。

南。

江。

川。

南。

順治十八年辛丑十月辛酉,裁順天巡

順天	祖重光	六月己卯,韓世琦順天
保定	王登聯	
江寧	朱國治	罷。十月辛酉,韓世琦江寧
安徽	宜永貴	四月丙午病免。張朝珍安
鳳陽	林起龍	遷。十月乙丑,張尚賢鳳陽
山東	許文秀	十月甲子罷。蔣國柱山東
山西	白如梅	遷。九月乙未,楊熙山西巡
河南	彭有義	
陝西	張瑃	
延綏	張仲第	五月免。六月己卯,林天擎
甘肅	佟延年	遷。十月乙丑,劉斗甘肅巡
寧夏	劉秉政	
福建	徐永禎	三月休致。四月丙午,許世
浙江	史紀功	正月休致。四月丙午,朱昌
江西	張朝璘	遷。九月癸巳,董衛國江西
鄖陽	白秉眞	
南贛	蘇弘祖	
湖廣	楊茂勳	遷。十二月癸酉,劉兆麒湖
偏沅	袁廓宇	閏七月己丑休。丁酉,周召
四川	佟鳳彩	
廣東	董應魁	三月休致。五月戊辰,盧興
廣西	于時躍	遷。十月乙丑,屈盡美廣西
雲南	袁懋功	
貴州	卞三元	遷。九月乙未,羅繪錦貴州

撫。	康熙	元年壬寅	九月
巡撫。十月辛酉調。	保定	王登聯	
	江寧	韓世琦	
巡撫。	安徽	張朝珍	
徽、操江巡撫。	鳳陽	張尚賢	
巡撫。	山東	蔣國柱	
巡撫。	山西	楊熙	
撫。	河南	彭有義	二月辛
	陝西	張瑃	二月辛亥
	延綏	林天擎	九月
延綏巡撫。	甘肅	劉斗	
撫。	寧夏	劉秉政	
	福建	許世昌	
昌福建巡撫。	浙江	朱昌祚	
祚浙江巡撫。	江西	董衞國	
巡撫。	鄖陽	白秉眞	二月庚
	南贛	蘇弘祖	二月辛
	湖廣	劉兆麒	
廣巡撫。	偏沅	周召南	
南偏沅巡撫。	四川	佟鳳彩	
	廣東	盧興祖	
祖廣東巡撫。	廣西	屈盡美	十二月
巡撫。	雲南	袁懋功	
	貴州	羅繪錦	
巡撫。			

壬午，裁延綏巡撫。

亥休。庚申，張自德河南巡撫。

降。庚申，賈漢復陝西巡撫。

壬午裁。

申遷。己巳，王來任鄖陽撫治。

亥休。庚申，胡文華南贛巡撫。九月丁未，

辛酉遷。

	康熙	二年癸卯	
	保定	王登聯	
	江寧	韓世琦	
	安徽	張朝珍	
	鳳陽	張尙賢	
	山東	蔣國柱	三月憂免。五
	山西	楊熙	
	河南	張自德	
	陝西	賈漢復	
	甘肅	劉斗	
	寧夏	劉秉政	
	福建	許世昌	
	浙江	朱昌祚	
	江西	董衞國	
	鄖陽	王來任	
	南贛	林天擎	
林天擎代。	湖廣	劉兆麒	
	偏沅	周召南	
	四川	佟鳳彩	十二月甲辰
	廣東	盧興祖	
	廣西	屈盡美	
	雲南	袁懋功	
	貴州	羅繪錦	

康熙三年甲		
保定	王登聯	
江寧	韓世琦	
安徽	張朝珍	
鳳陽	張尚賢	
山東	周有德	月丁丑，周有德山東巡撫。
山西	楊熙	
河南	張自德	
陝西	賈漢復	
甘肅	劉斗	
寧夏	劉秉政	
福建	許世昌	
浙江	朱昌祚	
江西	董衞國	
鄖陽	王來任	
南贛	林天擎	
湖廣	劉兆麒	
偏沅	周召南	
四川	劉格	憂免。劉格四川巡撫。
廣東	盧興祖	
廣西	屈盡美	
雲南	袁懋功	
貴州	羅繪錦	

辰四月戊申,裁鄖陽撫治。

六月己酉遷。丙辰,蔣國柱浙江巡撫。

遷。正月甲戌,金光祖廣西巡撫。

康熙四年乙巳　五月丁未，裁鳳陽、寧夏、

保定	王登聯	
江寧	韓世琦	
安徽	張朝珍	
鳳陽	張尚賢	
山東	周有德	
山西	楊熙	
河南	張自德	
陝西	賈漢復	
甘肅	劉斗	
寧夏	劉秉政	
福建	許世昌	
浙江	蔣國柱	
江西	董衞國	
南贛	林天擎	
湖廣	劉兆麒	
偏沅	周召南	
四川	劉格	
廣東	盧興祖	二月癸未遷。三月甲午，王
廣西	金光祖	
雲南	袁懋功	
貴州	羅繪錦	

南贛巡撫。	康熙五年丙午	
	保定	王登聯十二月
	江寧	韓世琦
	安徽	張朝珍
	山東	周有德
	山西	楊熙
	河南	張自德
	陝西	賈漢復
	甘肅	劉斗
	福建	許世昌十一月
	浙江	蔣國柱
	江西	董衛國
	湖廣	劉兆麒
	偏沅	周召南
	四川	劉格
	廣東	王來任
	廣西	金光祖
	雲南	袁懋功
來任廣東巡撫。	貴州	羅繪錦

康熙六	
直隸 甘	庚申罷。
江寧 韓	
安徽 張	
山東 周	
山西 楊	
河南 張	
陝西 賈	
甘肅 劉	
福建 劉	丁丑免。癸未，劉秉政福建巡撫。
浙江 蔣	
江西 董	
湖廣 劉	
偏沅 周	
四川 劉	
廣東 王	
廣西 金	
雲南 袁	
貴州 羅	

年丁未
文焜 正月丙戌，直隸巡撫。
世琦
朝珍
有德 十二月丁亥遷。
熙
自德
漢復
斗
秉政
國柱
衛國
兆麒
召南
格
來任 十一月丙辰罷。十二月丁亥，劉秉權
光祖
懋功 十一月癸亥憂免。
繪錦 十一月丙辰休。十二月辛卯，佟鳳彩

康熙七年戊申			
直隸	甘文焜	十二月己卯遷。	
江寧	韓世琦		
安徽	張朝珍		
山東	周有德	遷。正月乙卯，劉	
山西	楊熙	正月甲寅免。癸亥，	
河南	張自德	十一月休致。	
陝西	賈漢復	正月癸亥召。白	
甘肅	劉斗		
福建	劉秉政		
浙江	蔣國柱	卒。十二月庚辰，	
江西	董衞國		
湖廣	劉兆麒	正月戊申遷。壬	
偏沅	周召南		
四川	劉格	二月辛卯，更名張	
廣東	劉秉權		廣東巡撫。
廣西	金光祖		
雲南	李天浴	正月戊申，雲南	
貴州	佟鳳彩		貴州巡撫。

	康熙八年己酉
庚寅，金世德直隸巡撫。	直隸 金世德
	江寧 韓世琦 免。
	安徽 張朝珍
芳躅山東巡撫。	山東 劉芳躅
覺羅阿塔山西巡撫。	山西 覺羅阿塔
	河南 郎廷相 三
清額陝西巡撫。	陝西 白清額 九
	甘肅 劉斗
	福建 劉秉政
范承謨浙江巡撫。	浙江 范承謨
	江西 董衞國
戊，林天擎湖廣巡撫。	湖廣 林天擎
	偏沅 周召南
德地。	四川 張德地
	廣東 劉秉權
	廣西 金光祖
巡撫。	雲南 李天浴
	貴州 佟鳳彩

八月壬寅,馬祐江寧巡撫。

九月癸丑降。十月乙丑,馬雄鎮山西巡撫。

月丁酉,河南巡撫。

月丙申降。十月乙丑,達爾布陝西巡撫。十

八月甲子,盧震偏沅巡撫。

康熙	九年庚戌	
直隸	金世德	
江寧	馬祐	
安徽	張朝珍	
山東	劉芳躅四	
山西	達爾布	十一月己亥，達爾布代。
河南	郎廷相	
陝西	鄂善四月	一月己亥調。
甘肅	劉斗四月	
福建	劉秉政	
浙江	范承謨	
江西	董衛國	
湖廣	林天擎七	
偏沅	盧震	
四川	張德地	
廣東	劉秉權	
廣西	金光祖二	
雲南	李天浴	
貴州	佟鳳彩	

月辛卯憂免。乙卯，袁懋功山東巡撫。

乙巳，陝西巡撫。

乙巳遷。五月癸亥，花善甘肅巡撫。

月壬午病免。八月乙未，董國興湖廣巡撫。

月癸酉遷。馬雄鎮廣西巡撫。

康熙	十年辛亥
直隸	金世德
江寧	馬祐
安徽	張朝珍 五月壬戌憂免。六月丁亥,
山東	袁懋功 調。七月己丑,張鳳儀山東
山西	達爾布
河南	郎廷相
陝西	鄂善
甘肅	花善
福建	劉秉政
浙江	范承謨 七月癸亥病免。丙子,袁懋
江西	董衛國
湖廣	董國興
偏沅	盧震
四川	張德地 罷。六月己酉,羅森四川巡
廣東	劉秉權
廣西	馬雄鎮
雲南	李天浴 四月己酉養。五月辛未,朱
貴州	佟鳳彩 正月丙寅養。庚辰,曹申吉

靳輔安徽巡撫。

巡撫。丁未，袁懋功留任。十一月壬子，張

功浙江巡撫。丁未，范承謨留任。

撫。

國治雲南巡撫。

貴州巡撫。

		康熙十一年壬子
	直隸	金世德
	江寧	馬祜
	安徽	靳輔
鳳儀代。	山東	張鳳儀
	山西	達爾布
	河南	郎廷相七月辛未憂免。閻
	陝西	鄂善遷。四月癸卯，阿席熙
	甘肅	花善
	福建	劉秉政
	浙江	范承謨十月壬子遷。丁卯，
	江西	董衛國
	湖廣	董國興正月休致。三月庚
	偏沅	盧震
	四川	羅森
	廣東	劉秉權
	廣西	馬雄鎮
	雲南	朱國治
	貴州	曹申吉

康熙十二		
直隸	金世	
江寧	馬祐	
安徽	靳輔	
山東	張鳳	
山西	達爾	
河南	佟鳳	七月丙戌，佟鳳彩河南巡撫。
陝西	阿席	陝西巡撫。
甘肅	花善	
福建	劉秉	
浙江	田逢	田逢吉浙江巡撫。
江西	董衛	
湖廣	徐化	申，徐化成湖廣巡撫。
偏沅	盧震	
四川	羅森	
廣東	劉秉	
廣西	馬雄	
雲南	朱國	
貴州	曹申	

年癸丑	
德	
儀	十一月戊辰，趙祥星山東巡撫。
布	
彩	
熙	六月甲寅遷。七月辛未，杭愛陝西巡
政	
吉	
國	
成	五月庚寅降。六月壬寅，張朝珍湖廣
權	
鎮	
治	十二月丙辰，吳三桂叛，被殺。
吉	十二月丁巳從賊。

	康熙	十三年甲寅	
	直隸	金世德	
	江寧	馬祐	
	安徽	靳輔	
	山東	趙祥星	
	山西	達爾布	
	河南	佟鳳彩	十二月庚戌乞休，復
撫。	陝西	杭愛	
	甘肅	花善	
	福建	劉秉政	三月庚辰降賊。七月
	浙江	田逢吉	十一月庚午病免。達
	江西	董衛國	七月癸未遷。白色純
巡撫。	湖廣	張朝珍	
	偏沅	盧震	二月乙未罷。韓世琦偏
	四川	羅森	正月己丑降賊。二月丁
	廣東	劉秉權	
	廣西	馬雄鎮	二月辛酉，孫延齡反，
	雲南		
	貴州		

留。

癸未，楊熙福建巡撫。

都浙江巡撫。十二月乙巳，陳秉直代。

江西巡撫。

沅巡撫。

未，張德地四川巡撫。

被執。六月乙卯，陳洪明廣西巡撫。

康熙十四年乙卯		
直隸	金世德	
江寧	馬祐	
安徽	靳輔	
山東	趙祥星	
山西	達爾布	
河南	佟鳳彩	
陝西	杭愛	
甘肅	花善	
福建	楊熙	
浙江	陳秉直	
江西	白色純	卒。十一月壬午，郎廷相江
湖廣	張朝珍	
偏沅	韓世琦	
四川	張德地	
廣東	劉秉權	卒。正月癸酉，佟養鉅廣東
廣西	陳洪明	
雲南		
貴州		

		康熙十五年丙
直隸		金世德
江寧		馬祐卒。七
安徽		靳輔
山東		趙祥星
山西		達爾布罷。
河南		佟鳳彩
陝西		杭愛
甘肅		花善
福建		楊熙
浙江		陳秉直
江西	西巡撫。丁酉，佟國楨代。	佟國楨
鄖陽		楊茂勳五
湖廣		張朝珍
偏沅		韓世琦
四川	巡撫。	張德地
廣東		佟養鉅四
廣西		陳洪明四
雲南		
貴州		

康熙十		辰,復設鄖陽撫治。
直隸	金	
江寧	慕	月癸卯,慕天顏江寧巡撫。
安徽	靳	
山東	趙	
山西	圖	十月乙丑,圖克善山西巡撫。
河南	佟	
陝西	杭	
甘肅	花	
福建	楊	
浙江	陳	
江西	佟	
鄖陽	楊	月乙酉,鄖陽撫治。
湖廣	張	
偏沅	韓	
四川	張	
廣東	金	月辛酉降賊。
廣西	傅	月辛酉降賊。
雲南		
貴州		

六年丁巳
世德
天顏
輔遷。三月戊子，徐國相安徽巡撫。
祥星
克善
鳳彩卒。董國興七月甲辰，河南巡撫。
愛
善卒。七月丙申，鄂善甘肅巡撫。
熙
秉直
國楨
茂勳
朝珍
世琦
德地
儁十二月己巳，廣東巡撫。
弘烈五月乙酉，廣西巡撫。

康熙十七年戊午	
直隸	金世德
江寧	慕天顏
安徽	徐國相
山東	趙祥星
山西	圖克善
河南	董國興
陝西	杭愛
甘肅	鄂善
福建	楊熙五月戊申休。癸丑,吳興祚福
浙江	陳秉直
江西	佟國楨
鄖陽	楊茂勳
湖廣	張朝珍
偏沅	韓世琦
四川	張德地
廣東	金儁
廣西	傅弘烈
雲南	
貴州	

	康熙十八年己未
	直隸	金世德
	江寧	慕天顏
	安徽	徐國相
	山東	趙祥星 免。八月辛未,施維
	山西	圖克善
	河南	董國興
	陝西	杭愛
	甘肅	鄂善 五月甲寅罷。六月庚
建巡撫。	福建	吳興祚
	浙江	陳秉直 八月甲戌免。九月
	江西	佟國楨 五月甲寅罷。六月
	鄖陽	楊茂勳 四月丙寅遷。
	湖廣	張朝珍
	偏沅	韓世琦
	四川	張德地
	廣東	金儁
	廣西	傅弘烈 十二月甲戌差。麻
	雲南	李天浴 二月辛巳,雲南巡
	貴州	楊雍建 二月辛巳,貴州巡

康熙十九年庚			
直隸	金世德	二	
江寧	慕天顏		
安徽	徐國相		
山東	施維翰		翰山東巡撫。
山西	圖克善	八	
河南	董國興		
陝西	杭愛調。	二	
甘肅	巴錫		午,巴錫甘肅巡撫。
福建	吳興祚		
浙江	李本晟		戊,李本晟浙江巡撫。
江西	安世鼎		庚午,安世鼎江西巡撫。
湖廣	張朝珍	卒。	
偏沅	韓世琦		
四川	張德地	罷。	
廣東	金儁		
廣西	麻勒吉		
雲南	李天浴		勒吉署廣西巡撫。
貴州	楊雍建		撫。
			撫。

申二月辛巳，裁鄖陽撫治。

月辛酉病休。乙亥，于成龍直隸巡撫。

月壬午病免。閏八月壬辰，穆爾賽山西

月甲子，鄂愷陝西巡撫。

四月己巳，王新命湖廣巡撫。

正月癸丑，杭愛四川巡撫。

十二月庚戌，郝浴廣西巡撫。

六月乙未，伊闢雲南巡撫。

		康熙二十年辛酉
巡撫。	直隸	于成龍　十二月癸卯遷。
	江寧	慕天顏　降。十二月癸卯。余國
	安徽	徐國相
	山東	施維翰
	山西	穆爾賽
	河南	董國興
	陝西	鄂愷
	甘肅	巴錫
	福建	吳興祚
	浙江	李本晟
	江西	安世鼎　四月辛丑，劉如漢
	湖廣	王新命
	偏沅	韓世琦
	四川	杭愛
	廣東	金儁　十二月辛丑，李士楨
	廣西	郝浴
	雲南	伊闢　卒。六月壬辰，王繼文
	貴州	楊雍建

杜江寧巡撫。

江西巡撫。五月憂免。丙寅，李士楨代。十二月

廣東巡撫。

南巡撫。

	康熙二十一年壬戌	
	直隸	格爾古德正月
	江寧	余國柱
	安徽	徐國相
	山東	施維翰十一月
	山西	穆爾賽
	河南	董國興二月丙
	陝西	鄂愷
	甘肅	巴錫
	福建	吳興祚二月
	浙江	李本晟卒。六月
辛丑調。佟康年代。	江西	佟康年
	湖廣	王新命
	偏沅	韓世琦
	四川	杭愛
	廣東	李士楨
	廣西	郝浴
	雲南	王繼文
	貴州	楊雍建

乙亥，直隸巡撫。

戊辰遷。十二月乙亥，李天浴山東巡撫。

戊調。王日藻河南巡撫。

丙戌，董國興福建巡撫。

甲辰，王國安浙江巡撫。

康熙二十二年癸亥		
直隸	格爾古德	
江寧	余國柱	
安徽	徐國相	
山東	李天浴	正月丁卯，徐旭齡山東
山西	穆爾賽	
河南	王日藻	
陝西	鄂愷	
甘肅	巴錫	十一月丁亥遷。十二月丁未，
福建	董國興	二月壬辰病免。三月丙辰，
浙江	王國安	
江西	佟康年	卒。閏六月甲寅，安世鼎江
湖廣	王新命	
偏沅	韓世琦	調。九月癸酉，丁思孔偏沅
四川	杭愛	卒。八月壬戌，韓世琦四川巡
廣東	李士楨	
廣西	郝浴	卒。十月己酉，施天裔廣西巡
雲南	王繼文	
貴州	楊雍建	

	康熙	二十三年甲
	直隸	格爾古德卒。
	江寧	余國柱正月
	安徽	徐國相遷。二
巡撫。	山東	徐旭齡九月
	山西	穆爾賽
	河南	王日藻
	陝西	鄂愷
葉穆濟甘肅巡撫。	甘肅	葉穆濟
金鋐福建巡撫。	福建	金鋐
	浙江	王國安遷。二
西巡撫。	江西	安世鼎
	湖廣	王新命調。二
巡撫。	偏沅	丁思孔
撫。	四川	韓世琦
	廣東	李士楨
撫。	廣西	施天裔
	雲南	王繼文
	貴州	楊雍建八月

子

八月庚子，阿哈達直隸巡撫。

丙戌遷。丙寅，王新命江寧巡撫。五月甲申

月己酉，薛柱斗安徽巡撫。

丙寅遷。辛巳，張鵬山東巡撫。

月己酉，趙士麟浙江巡撫。

月己未，慕天顏湖廣巡撫。九月戊寅遷。辛

癸亥遷。九月戊寅，慕天顏貴州巡撫。

	康熙	二十四年乙
遷。六月乙卯,湯斌代。	直隸	阿哈達 二
	江寧	湯斌
	安徽	薛柱斗
	山東	張鵬
	山西	穆爾賽 九月
	河南	王日藻
	陝西	鄂愷
	甘肅	葉穆濟
	福建	金鋐
	浙江	趙士麟
卯,石琳代。	江西	安世鼎
	湖廣	石琳
	偏沅	丁思孔
	四川	韓世琦 七月
	廣東	李士楨
	廣西	施天裔 二月
	雲南	王繼文
	貴州	慕天顏

丑

月，崔澄直隸巡撫。

壬申罷。丁亥，圖納山西巡撫。

乙亥憂免。八月庚寅，姚締虞四川巡撫。

甲辰罷。己未，范承勳廣西巡撫。

康熙	二十五年丙寅
直隸	崔澄 二月辛卯降。丁酉,于成龍直
江寧	湯斌 二月甲戌遷。四月丁亥,趙士
安徽	薛柱斗
山東	張鵬 十月乙丑遷。十一月癸未,郎
山西	圖納 九月乙巳遷。丁未,馬齊山西
河南	王日藻 七月癸未遷。丁酉,章欽文
陝西	鄂愷 四月丙申降。癸卯,圖爾震陝
甘肅	葉穆濟
福建	金鋐 四月癸巳,張仲舉福建巡
浙江	趙士麟 四月丁亥調。金鋐浙江巡
江西	安世鼎
湖廣	石琳 調。十二月丙辰,張汧湖廣巡
偏沅	丁思孔
四川	姚締虞
廣東	李士楨
廣西	范承勳 閏四月辛未遷。丙子,王起
雲南	王繼文 十月庚辰憂免。十一月丁
貴州	慕天顏

		康熙二十六年丁卯
隸巡撫。	直隸	于成龍
麟江寧巡撫。	江寧	趙士麟 四月乙
	安徽	薛柱斗 五月癸
永清山東巡撫。	山東	郎永清 二月
巡撫。	山西	馬齊
河南巡撫。	河南	章欽文
西巡撫。	陝西	圖爾震 正月癸
	甘肅	葉穆濟
撫。	福建	張仲舉
撫。	浙江	金鋐
	江西	安世鼎 十一月
撫。	湖廣	張汧 十二月乙
	偏沅	丁思孔
	四川	姚締虞
	廣東	李士楨 十一月
元廣西巡撫。	廣西	王起元
西，石琳雲南巡撫。	雲南	石琳
	貴州	慕天顏 三月乙

卯遷。甲子，田雯江蘇巡撫。

卯遷。六月辛亥，楊素蘊安徽巡撫。

乙卯，錢珏山東巡撫。

卯遷。二月己酉，布雅努陝西巡撫。

癸卯罷。十二月戊午，王騭江西巡撫。

丑罷。柯永昇代。

壬午休。丁酉，朱弘祚廣東巡撫。

未遷。癸卯，馬世濟貴州巡撫。

康熙	二十七年戊辰
直隸	于成龍
江寧	田雯調。四月癸丑，洪之傑江蘇巡
安徽	楊素蘊調。十月戊申，江有良安徽
山東	錢珏
山西	馬齊三月乙亥遷。庚辰，葉穆濟山
河南	章欽文正月癸卯罷。二月甲寅，丁
陝西	布雅努九月休致。十月癸卯，薩弼
甘肅	葉穆濟調。三月甲申，伊圖甘肅巡
福建	張仲舉
浙江	金鋐
江西	王騭三月乙未遷。四月丁未，宋犖
湖廣	柯永昇二月己酉，湖廣巡撫。六月
偏沅	丁思孔調。二月甲子，興永朝偏沅
四川	姚締虞六月壬寅，噶爾圖四川
廣東	朱弘祚
廣西	王起元
雲南	石琳
貴州	馬世濟三月庚寅遷。壬寅，田雯貴

撫。

巡撫。

西巡撫。

思孔河南巡撫。六月丁未調。閻興邦河

圖陝西巡撫。

撫。

江西巡撫。

甲辰，夏包子作亂，投井死。丁未，丁思孔

巡撫。

巡撫。

州巡撫。

康熙二十八		
直隸	于成龍	
江蘇	洪之傑	
安徽	江有良	
山東	錢珏	
山西	葉穆濟	
河南	閻興邦	南巡撫。
陝西	薩弼圖	
甘肅	伊圖	
福建	張仲舉	
浙江	金鋐	
江西	宋犖	
湖廣	楊素蘊	代。九月戊戌遷。楊素蘊代。
偏沅	興永朝	
四川	噶爾圖	
廣東	朱弘祚	
廣西	王起元	
雲南	石琳	
貴州	田雯	

康熙	己巳年
直隸	
江蘇	
安徽	
山東	月癸酉免。戊寅，佛倫山東巡撫。
山西	
河南	
陝西	
甘肅	
福建	
浙江	月戊午罷。己未，張鵬翮浙江巡撫。
江西	
湖廣	十月壬午罷。己亥，吳琠湖廣巡撫。
偏沅	五月壬子遷。丙辰，鄭端偏沅巡撫。
四川	
廣東	
廣西	
雲南	月己亥遷。戊午，王繼文雲南巡撫。
貴州	

二十九年庚午

于成龍　七月己亥遷。癸卯，郭世隆直隸

洪之傑　五月辛丑罷。六月癸酉，鄭端江

江有良

佛倫

葉穆濟

閻興邦

薩弼圖

伊圖

張仲舉　六月庚辰罷。癸未，卞永譽福建

張鵬翮

宋犖

吳琠

鄭端調。六月癸未，于養志偏沅巡撫。

噶爾圖

朱弘祚

王起元

王繼文

田雯

	康熙三十年辛未	
巡撫。	直隸	郭世隆
蘇巡撫。	江蘇	鄭端
	安徽	江有良
	山東	佛倫
	山西	葉穆濟
	河南	閻興邦
	陝西	薩弼圖
	甘肅	伊圖十一月甲子遷。布喀
巡撫。	福建	卞永譽
	浙江	張鵬翮
	江西	宋犖
	湖廣	吳琠
	偏沅	于養志正月丙午，王樑
	四川	噶爾圖
	廣東	朱弘祚
	廣西	王起元
	雲南	王繼文
	貴州	田雯八月戊申憂免。九月

康熙三十一年		
直隸	郭世隆	
江蘇	鄭端卒。六	
安徽	江有良十	
山東	佛倫遷。十	
山西	葉穆濟	
河南	閻興邦調。	
陝西	薩弼圖二	
甘肅	布喀調。二	甘肅巡撫。
福建	卞永譽	
浙江	張鵬翮	
江西	宋犖調。六	
湖廣	吳琠九月	
偏沅	王樑	偏沅巡撫。
四川	噶爾圖	
廣東	朱弘祚遷。	
廣西	王起元	
雲南	王繼文	
貴州	衞既齊十	癸丑，衞既齊貴州巡撫。

壬申

月庚辰，宋犖江蘇巡撫。

二月丙申調。

月壬辰，桑額山東巡撫。

十二月丙申，顧汧河南巡撫。

月辛卯罷。癸卯，布喀陝西巡撫。十月己卯

月癸卯，吳赫甘肅巡撫。十月甲辰調。嚴泰

月庚辰，馬如龍江西巡撫。

庚戌憂免。己巳，桑額湖廣巡撫。十月壬辰

十二月丙申，江有良廣東巡撫。

二月己丑罷。甲午，閻興邦貴州巡撫。

	康熙三十二年癸酉	
	直隸	郭世隆
	江蘇	宋犖
	安徽	高承爵　正月丙
	山東	桑額
	山西	葉穆濟　二月庚
	河南	顧汧
罷。甲辰，吳赫代。	陝西	吳赫
代。	甘肅	嚴泰
	福建	卞永譽
	浙江	張鵬翮
	江西	馬如龍
調。癸巳，年遐齡代。	湖廣	年遐齡
	偏沅	王樑
	四川	噶爾圖　二月調。
	廣東	江有良　十二月
	廣西	王起元
	雲南	王繼文
	貴州	閻興邦

康熙	
直隸	
江蘇	
安徽	寅，安徽巡撫。
山東	
山西	寅病免。丙申，噶爾圖山西巡撫。
河南	
陝西	
甘肅	
福建	
浙江	
江西	
湖廣	
偏沅	
四川	丙申，于養志四川巡撫。 己丑罷。
廣東	
廣西	
雲南	
貴州	

三十三年甲戌

郭世隆

宋犖

高承爵調。二月壬申，佟國佐安徽巡撫。

桑額

噶爾圖

顧汧

吳赫十月丙申遷。黨愛陝西巡撫。

嚴泰

卞永譽

張鵬翮

馬如龍

年遐齡

王樑二月甲戌遷。丁亥，董國升偏沅巡撫。

于養志

高承爵正月甲子，廣東巡撫。

王起元

王繼文九月癸未遷。石文晟雲南巡撫。

閻興邦

康熙三十四年乙亥		
直隸	郭世隆	二月己亥遷。丁未，沈朝聘
江蘇	宋犖	
安徽	佟國佐	卒。九月乙酉，線一信安徽
山東	桑額	八月己酉遷。己未，楊廷耀山
山西	噶爾圖	五月乙丑罷。六月乙未，溫
河南	顧汧	四月乙卯降。己未，李輝祖河
陝西	黨愛	
甘肅	嚴泰	卒。二月庚申，舒樹甘肅巡撫。
福建	卞永譽	
浙江	張鵬翮	
江西	馬如龍	
湖廣	年遐齡	
偏沅	董國升	七月乙丑遷。楊鳳起偏沅
四川	于養志	
廣東	高承爵	
廣西	王起元	
雲南	石文晟	
貴州	閻興邦	

	康熙三十五年丙子		
直隸巡撫。	直隸	沈朝聘	
	江蘇	宋犖	
巡撫。	安徽	線一信	調。正月癸未,
東巡撫。	山東	楊廷耀	罷。八月丁未,
保山西巡撫。	山西	溫保	十二月辛卯憂
南巡撫。	河南	李輝祖	還。七月癸亥,
	陝西	黨愛	
	甘肅	舒樹	十月丁未,郭
	福建	卞永譽	
	浙江	張鵬翮	正月癸未,
	江西	馬如龍	
	湖廣	年遐齡	
巡撫。	偏沅	楊鳳起	
	四川	于養志	
	廣東	高承爵	憂免。十二月
	廣西	王起元	
	雲南	石文晟	
	貴州	閻興邦	

康熙三十六年		
直隸	沈朝聘	
江蘇	宋犖	
安徽	陳汝器	陳汝器安徽巡撫。
山東	李煒	李煒山東巡撫。
山西	倭倫	免。倭倫山西巡撫。
河南	李國亮	李國亮河南巡撫。
陝西	黨愛三月	
甘肅	郭洪七月	洪甘肅巡撫。
福建	卞永譽三	
浙江	線一信十	線一信浙江巡撫。
江西	馬如龍	
湖廣	年遐齡	
偏沅	楊鳳起	
四川	于養志	
廣東	蕭永藻	戊戌，蕭永藻廣東巡撫。
廣西	王起元	
雲南	石文晟	
貴州	閻興邦	

丁丑

丙申免。巴錫陝西巡撫。

辛丑罷。丁未，喀拜甘肅巡撫。

月庚子憂免。四月己巳，宮夢仁福建巡撫。

一月戊戌罷。辛丑，張勄浙江巡撫。

康熙三十七年戊寅

直隸	沈朝聘	二月壬申病免。于成龍直
江蘇	宋犖	
安徽	陳汝器	十一月乙未免。庚子，李鈵
山東	李煒	二月戊辰罷。壬申，李鈵山東
山西	倭倫	
河南	李國亮	
陝西	巴錫	十二月己未遷。貝和諾陝西
甘肅	喀拜	
福建	宮夢仁	十一月乙未免。庚子，張志
浙江	張勄	
江西	馬如龍	
湖廣	年遐齡	
偏沅	楊鳳起	八月己未罷。辛未，金璽偏
四川	于養志	
廣東	蕭永藻	
廣西	王起元	
雲南	石文晟	
貴州	閻興邦	三月卒。戊寅，王燕貴州巡

隸巡撫。十一月丁酉遷。十二月辛丑，李

安徽巡撫。

巡撫。三月乙酉病免。己丑，王國昌代。

巡撫。

棟福建巡撫。

沅巡撫。

撫。

		康熙三十八年己卯
光地代。	直隸	李光地
	江蘇	宋犖
	安徽	李鈵
	山東	王國昌
	山西	倭倫七月乙酉降。己丑,噶
	河南	李國亮
	陝西	貝和諾
	甘肅	喀拜
	福建	張志棟
	浙江	張勄
	江西	馬如龍
	湖廣	年遐齡
	偏沅	金璽
	四川	于養志
	廣東	蕭永藻
	廣西	王起元四月丙午降。辛酉,
	雲南	石文晟
	貴州	王燕

	康熙三十九年庚辰	
直隸	李光地	
江蘇	宋犖	
安徽	李鈵五月甲辰病	
山東	王國昌	
山西	噶禮	禮山西巡撫。
河南	李國亮九月癸卯	
陝西	貝和諾調。五月己	
甘肅	喀拜四月丁酉憂	
福建	張志棟調。十月丁	
浙江	張勄十月辛巳休。	
江西	馬如龍	
湖廣	年遐齡	
偏沅	金璽	
四川	于養志正月壬子	
廣東	蕭永藻十二月癸	
廣西	彭鵬十二月癸酉	彭鵬廣西巡撫。
雲南	石文晟	
貴州	王燕	

免。庚戌，高承爵安徽巡撫。

休。己酉，徐潮河南巡撫。

酉，華顯陝西巡撫。

免。五月庚子，華顯甘肅巡撫。五月己酉

亥，梅鋗福建巡撫。

張志棟浙江巡撫。

免。齊世武署四川巡撫。五月庚子，貝和

西調。彭鵬廣東巡撫。

調。蕭永藻廣西巡撫。

	康熙四十年辛巳	
直隸	李光地	
江蘇	宋犖	
安徽	高承爵　十月戊	
山東	王國昌	
山西	噶禮	
河南	徐潮	
陝西	華顯　遷。十月壬	
甘肅	喀拜　十月戊辰	調。喀拜在任守制。
福建	梅鋗	
浙江	張志棟	
江西	馬如龍	
湖廣	年遐齡	
偏沅	金璽	
四川	貝和諾	諾代。
廣東	彭鵬	
廣西	蕭永藻	
雲南	石文晟	
貴州	王燕	

寅免。十二月戊午，喻成龍安徽巡撫。

申，齊世武陝西巡撫。戊戌調。鄂海代。
罷。戊戌，齊世武甘肅巡撫。

康熙四十一年壬午		
直隸	李光地	
江蘇	宋犖	
安徽	喻成龍	
山東	王國昌	
山西	噶禮	
河南	徐潮	
陝西	鄂海	
甘肅	齊世武	
福建	梅鋗	
浙江	張志棟	調。正月己酉，趙申喬浙江
江西	馬如龍	卒。正月己酉，張志棟江西
湖廣	年遐齡	
偏沅	金璽	十二月乙未遷。趙申喬偏沅
四川	貝和諾	
廣東	彭鵬	
廣西	蕭永藻	
雲南	石文晟	
貴州	王燕	

康熙四		
直隸	李	
江蘇	宋	
安徽	喻	
山東	王	
山西	噶	
河南	徐	
陝西	鄂	
甘肅	齊	
福建	梅	
浙江	張	巡撫。十二月乙未調。張泰交代。
江西	張	巡撫。
湖廣	年	
偏沅	趙	巡撫。
四川	貝	
廣東	彭	
廣西	蕭	
雲南	石	
貴州	王	

十二年癸未

光地

犖

成龍四月戊戌遷。五月癸亥，劉光美安徽

國昌

禮

潮

海

世武

錩

泰交

志棟

遐齡

申喬

和諾

鵬

永藻

文晟

燕九月辛酉病免。壬申，高起龍貴州巡撫。

	康熙四十三年甲申	
	直隸	李光地
	江蘇	宋犖
巡撫。	安徽	劉光美
	山東	王國昌正月辛酉免。趙世顯
	山西	噶禮
	河南	徐潮十月庚辰遷。戊子，趙弘
	陝西	鄂海
	甘肅	齊世武
	福建	梅鋗十月乙酉遷。壬辰，李斯
	浙江	張泰交
	江西	張志棟二月壬午罷。癸巳，李
	湖廣	年遐齡二月戊子病免。三月
	偏沅	趙申喬
	四川	貝和諾二月癸酉遷。辛巳，能
	廣東	彭鵬卒。三月庚戌，石文晟廣
	廣西	蕭永藻
	雲南	石文晟三月調。戊辰，佟毓秀
	貴州	高起龍四月戊子病免。辛酉

康熙四十四月			
直隸	李光地十		
江蘇	宋犖十一		
安徽	劉光美		
山東	趙世顯		山東巡撫。
山西	噶禮		
河南	趙弘燮調。		燮河南巡撫。
陝西	鄂海		
甘肅	齊世武		
福建	李斯義		義福建巡撫。
浙江	張泰交		
江西	李基和留		基和江西巡撫。
湖廣	劉殿衡		壬寅，劉殿衡湖廣巡撫。
偏沅	趙申喬		
四川	能泰		泰四川巡撫。
廣東	石文晟八		東巡撫。
廣西	蕭永藻		
雲南	佟毓秀		雲南巡撫。
貴州	于準調。十		于準貴州巡撫。

乙酉

一月己巳遷。趙弘燮直隸巡撫。

月己巳遷。庚辰，于準江蘇巡撫。

十一月庚辰，汪灝河南巡撫。

京。四月己丑，郎廷極江西巡撫。

月戊午遷。九月甲申，范時崇廣東巡撫。

一月庚辰，陳詵貴州巡撫。

康熙四十五年丙戌	
直隸	趙弘燮
江蘇	于準
安徽	劉光美
山東	趙世顯
山西	噶禮
河南	汪灝
陝西	鄂海
甘肅	齊世武
福建	李斯義
浙江	張泰交卒。二月甲寅，王然浙江巡
江西	郎廷極
湖廣	劉殿衡
偏沅	趙申喬
四川	能泰
廣東	范時崇
廣西	蕭永藻四月辛亥遷。五月丙寅，梁
雲南	佟毓秀三月戊辰召。四月癸巳，郭
貴州	陳詵

	康熙四十六年丁亥		
	直隸	趙弘燮	
	江蘇	于準	
	安徽	劉光美	
	山東	趙世顯	
	山西	噶禮	
	河南	汪灝	
	陝西	鄂海	
	甘肅	齊世武	
	福建	李斯義	卒。三月戊
撫。	浙江	王然	
	江西	郎廷極	
	湖廣	劉殿衡	
	偏沅	趙申喬	
	四川	能泰	
	廣東	范時崇	
世勳廣西巡撫。	廣西	梁世勳	
瑮雲南巡撫。	雲南	郭瑮	
	貴州	陳詵	

康熙四十七年戊		
直隸	趙弘燮	
江蘇	于準	
安徽	劉光美	
山東	趙世顯十一	
山西	噶禮	
河南	汪灝	
陝西	鄂海	
甘肅	齊世武四月	
福建	張伯行	寅，張伯行福建巡撫。
浙江	王然十二月	
江西	郎廷極	
湖廣	劉殿衡憂免。	
偏沅	趙申喬	
四川	能泰	
廣東	范時崇	
廣西	梁世勳	
雲南	郭瑮	
貴州	陳詵十二月	

子

月癸未遷。十二月丁巳，蔣承錫山東巡撫。

己酉遷。五月甲申，舒圖甘肅巡撫。

丁巳病休。黃秉中浙江巡撫。

十二月丁巳，陳詵湖廣巡撫。

丁巳調。劉蔭樞貴州巡撫。

康熙	四十八年己丑
直隸	趙弘燮
江蘇	于準　十一月壬午罷。張伯行江蘇
安徽	劉光美　九月丁丑降。葉九思安徽
山東	蔣承錫
山西	噶禮　四月丙辰遷。蘇克濟山西巡
河南	汪灝　九月辛未病免。戊寅，鹿祐河
陝西	鄂海
甘肅	舒圖
福建	張伯行　調。十一月丁亥，許嗣興福
浙江	黃秉中
江西	郎廷極
湖廣	陳詵
偏沅	趙申喬
四川	能泰　八月己亥遷。乙巳，葉九思四
廣東	范時崇
廣西	梁世勳
雲南	郭瑮
貴州	劉蔭樞

康熙	
直隸	
江蘇	巡撫。
安徽	巡撫。
山東	
山西	撫。
河南	南巡撫。
陝西	
甘肅	
福建	建巡撫。
浙江	
江西	
湖廣	
偏沅	
四川	川巡撫。九月丁丑調。甲申，年羹堯代。
廣東	
廣西	
雲南	
貴州	

四十九年庚寅	
趙弘燮	
張伯行	
葉九思	
蔣承錫	
蘇克濟	
鹿祐	
鄂海	十月丙子遷。癸未，雍泰陝西巡撫。
舒圖	三月丁亥免。鄂奇甘肅巡撫。十月
許嗣興	九月壬寅免。黃秉中福建巡撫。
黃秉中	調。九月丙午，王度昭浙江巡撫。
郎廷極	
陳詵	
趙申喬	十二月辛巳遷。
年羹堯	
范時崇	八月庚寅遷。滿丕廣東巡撫。
梁世勳	
郭瑮	十月丙子遷。吳存禮雲南巡撫。
劉蔭樞	

康熙五十年辛卯

直隸	趙弘燮	
江蘇	張伯行	
安徽	葉九思	七月
山東	蔣承錫	
山西	蘇克濟	
河南	鹿祐	
陝西	雍泰	
甘肅	樂拜	辛巳遷。癸未，樂拜代。
福建	黃秉中	十月
浙江	王度昭	
江西	郎廷極	
湖廣	陳詵	四月庚
偏沅	潘宗洛	正月
四川	年羹堯	
廣東	滿丕	
廣西	梁世勳	八月
雲南	吳存禮	
貴州	劉蔭樞	

辛亥遷。八月辛酉，梁世勳安徽巡撫。

丙子罷。庚辰，綽奇福建巡撫。甲申憂免。十

申遷。甲戌，劉殿衡湖廣巡撫。

辛亥，偏沅巡撫。

辛酉調。陳元龍廣西巡撫。

康熙五十一年		
直隸	趙弘燮	
江蘇	張伯行	
安徽	梁世勳	
山東	蔣承錫	
山西	蘇克濟	
河南	鹿祐	
陝西	雍泰	
甘肅	樂拜	
福建	覺羅滿保	一月戊子，覺羅滿保代。
浙江	王度昭	
江西	郎廷極 十	
湖廣	劉殿衡	
偏沅	潘宗洛	
四川	年羹堯	
廣東	滿丕	
廣西	陳元龍	
雲南	吳存禮	
貴州	劉蔭樞	

康熙	壬辰
直隸	
江蘇	
安徽	
山東	
山西	
河南	
陝西	
甘肅	
福建	
浙江	
江西	月丙寅遷。己巳，佟國勷江西巡撫。
湖廣	
偏沅	
四川	
廣東	
廣西	
雲南	
貴州	

五十二年癸巳

趙弘燮

張伯行

梁世勳

蔣承錫

蘇克濟

鹿祐

雍泰

樂拜

覺羅滿保

王度昭

佟國勷

劉殿衡

潘宗洛 九月丁卯罷。李發甲湖南巡撫。

年羹堯

滿丕

陳元龍

吳存禮

劉蔭樞

省	康熙五十三年甲午	
直隸	趙弘燮	
江蘇	張伯行	
安徽	梁世勳	
山東	蔣承錫	
山西	蘇克濟	
河南	鹿祐十二月乙	
陝西	雍泰	
甘肅	樂拜卒。六月己	
福建	覺羅滿保	
浙江	王度昭十二月	
江西	佟國勷	
湖廣	劉殿衡	
偏沅	李錫正月甲子,	十二月甲午憂免。
四川	年羹堯	
廣東	滿丕十二月甲	
廣西	陳元龍	
雲南	吳存禮十二月	
貴州	劉蔭樞	

酉病休。李錫河南巡撫。

卯，綽奇甘肅巡撫。

乙亥還。癸未，徐元夢浙江巡撫。

湖南巡撫十二月乙酉調。壬辰，陳璸代。

戊還。壬辰，楊琳廣東巡撫。

己巳憂免。乙亥，施世綸雲南巡撫。

康熙五十四年乙未		
直隸	趙弘燮	
江蘇	張伯行	十一月乙卯免。十二月己
安徽	梁世勳	
山東	蔣承錫	
山西	蘇克濟	
河南	李錫	
陝西	雍泰	六月丁亥，卒。噶什圖陝西巡
甘肅	綽奇	
福建	覺羅滿保	十一月癸卯遷。十二月
浙江	徐元夢	
江西	佟國勷	
湖廣	劉殿衡	
偏沅	陳璸	十二月丁卯調。李發甲偏沅
四川	年羹堯	
廣東	楊琳	
廣西	陳元龍	
雲南	施世綸	二月己巳遷。甘國璧雲南
貴州	劉蔭樞	

		康熙五十五年丙
	直隸	趙弘燮
巳，吳存禮江蘇巡撫。	江蘇	吳存禮
	安徽	梁世勳十月
	山東	蔣承錫九月
	山西	蘇克濟
	河南	李錫十一月
撫。	陝西	噶什圖
	甘肅	綽奇
丁卯，陳瑸福建巡撫。	福建	陳瑸
	浙江	徐元夢
	江西	佟國勷
	湖廣	劉殿衡
巡撫。	偏沅	李發甲
	四川	年羹堯
	廣東	楊琳十月戊
	廣西	陳元龍
巡撫。	雲南	甘國璧
	貴州	劉蔭樞三月

申
壬辰遷。戊戌，李成龍安徽巡撫。
庚午遷。李樹德山東巡撫。
丁巳遷。十二月戊子，張聖佐河南巡撫。
戊遷。壬子，法海廣東巡撫。
戊午差。閏三月戊辰，白潢貴州巡撫。十月

	康熙五十六年丁酉	
直隸	趙弘燮	
江蘇	吳存禮	
安徽	李成龍	
山東	李樹德	
山西	蘇克濟	
河南	張聖佐	
陝西	噶什圖	
甘肅	綽奇	
福建	陳璸	
浙江	徐元夢 正月壬	
江西	佟國勷 七月辛	
湖廣	劉殿衡 十二月	
偏沅	李發甲 卒。十一	
四川	年羹堯	
廣東	法海	
廣西	陳元龍	
雲南	甘國璧	
貴州	劉蔭樞 九月壬	甲辰，劉蔭樞回任。

康熙五		
直隸	趙	
江蘇	吳	
安徽	李	
山東	李	
山西	蘇	
河南	張	
陝西	噶	
甘肅	綽	
福建	陳	
浙江	朱	午遷。二月辛卯，朱軾浙江巡撫。
江西	白	西罷。丙子，白潢江西巡撫。
湖廣	張	卒。
偏沅	王	月癸丑，王之樞偏沅巡撫。
四川	年	
廣東	法	
廣西	陳	
雲南	甘	
貴州	黃	戊免。己卯，黃國材貴州巡撫。

十七年戊戌

弘夔

存禮

成龍

樹德

克濟

聖佐　四月丁亥罷。五月庚戌,楊宗義河南

什圖

奇

瓊　十一月乙酉卒。十二月壬寅,呂猶龍福

軾

潢

連登　二月丙午,湖廣巡撫。

之樞

羹堯

海　十一月丁丑病免。乙酉,楊宗仁廣東巡

元龍　九月丙戌遷。十一月乙酉,宜思恭廣

國璧

國材

	康	熙五十八年己亥
	直	隸趙弘燮
	江	蘇吳存禮
	安	徽李成龍
	山	東李樹德
	山	西蘇克濟
巡撫。	河	南楊宗義
	陝	西噶什圖
	甘	肅綽奇十月丙辰差。花鄯署
建巡撫。	福	建呂猶龍
	浙	江朱軾
	江	西白潢
	湖	廣張連登
	偏	沅王之樞
	四	川年羹堯
撫。	廣	東楊宗仁
西巡撫。	廣	西宜思恭
	雲	南甘國璧
	貴	州黃國材十月甲寅免。戊辰,

康熙五十九年庚子		
直隸	趙弘燮	
江蘇	吳存禮	
安徽	李成龍	
山東	李樹德	
山西	蘇克濟	
河南	楊宗義	
陝西	噶什圖	
甘肅	花鄯	甘肅巡撫。
福建	呂猶龍	
浙江	朱軾十一月戊	
江西	白潢七月戊子	
湖廣	張連登	
偏沅	王之樞	
四川	年羹堯	
廣東	楊宗仁	
廣西	宜思恭卒。八月	
雲南	甘國璧九月戊	
貴州	金世揚	金世揚貴州巡撫。

寅遷。屠沂浙江巡撫。
遷。王企靖江西巡撫。
癸丑，高其倬廣西巡撫。
寅罷。楊名時署雲南巡撫。十一月壬午補。

康熙六十年辛丑	
直隸	趙弘燮
江蘇	吳存禮
安徽	李成龍
山東	李樹德
山西	蘇克濟 十二月丙子憂免。德音署
河南	楊宗義
陝西	噶什圖
甘肅	花鄯 九月丁巳降。十月辛未，盧詢
福建	呂猶龍
浙江	屠沂
江西	王企靖
湖廣	張連登
偏沅	王之樞
四川	年羹堯 五月乙酉遷。色爾圖署四
廣東	楊宗仁
廣西	高其倬
雲南	楊名時
貴州	金世揚

康熙六十一年壬寅			
直隸	趙弘燮	六月丙子卒。	
江蘇	吳存禮		
安徽	李成龍		
山東	李樹德	十月癸酉遷。	
山西	德音	十二月壬戌，補	山西巡撫。
河南	楊宗義		
陝西	噶什圖		
甘肅	盧詢		署甘肅巡撫。
福建	呂猶龍	調。六月辛巳，	
浙江	屠沂	六月辛未病免。	
江西	王企靖		
湖廣	張連登		
偏沅	王之樞		
四川	色爾圖	七月戊申，	川巡撫。
廣東	楊宗仁	十一月戊戌	
廣西	高其倬	二月庚午遷。	
雲南	楊名時		
貴州	金世揚		

趙之垣署直隸巡撫。

謝賜履山東巡撫。十二月辛酉，另候簡。

山西巡撫。

石文焯署福建巡撫。十月癸酉，黃國材

辛巳，呂猶龍浙江巡撫。十月癸酉，李馥

蔡珽四川巡撫。

遷。年希堯署廣東巡撫。

乙酉，孔毓珣廣西巡撫。

雍正	元年癸卯	
直隸	趙之垣二月辛未罷。李維	
江蘇	吳存禮三月辛丑罷。何天	
安徽	李成龍	
山東	黃炳	黃炳代。
山西	德音四月癸酉召。諾岷山	
河南	楊宗義正月癸丑憂免。牟	
陝西	噶什圖赴西寧。四月壬戌,	
甘肅	盧詢三月庚寅遷。傅德署	
福建	黃國材	代。
浙江	李馥	代。
江西	王企靖正月癸巳召。裴倖	
湖廣	張連登正月癸巳召。納齊	
偏沅	王之樞正月辛丑遷。魏廷	
四川	蔡珽	
廣東	年希堯七月壬午補。	
廣西	孔毓珣八月戊午,以廣西	
雲南	楊名時	
貴州	金世揚十一月丁酉遷。毛	

鈞直隸巡撫。

培署江蘇巡撫。

西巡撫。

欽元署河南巡撫。二月戊午，嵇曾筠署。三

范時捷署陝西巡撫。

甘肅巡撫。綽奇代。

度江西巡撫。

哈湖北巡撫。

珍湖南巡撫。

總督兼管巡撫。

文銓貴州巡撫。

雍正	二年甲辰十月,		
直隸	李維鈞	十月己	
江蘇	何天培		
安徽	李成龍		
山東	黃炳	閏四月丁	
山西	諾岷		
河南	石文焯	調。八月	月辛卯,石文焯代。
陝西	范時捷	十一月	
甘肅	綽奇	十月己丑	
福建	黃國材		
浙江	李馥	二月戊午	
江西	裴倖度		
湖北	納齊哈		
湖南	魏廷珍	六月庚	
四川	蔡珽	五月丙午	
廣東	年希堯		
廣西	孔毓珣	四月丁	
雲南	楊名時		
貴州	毛文銓		

改直隸巡撫為直隸總督。

亥，改總督。

亥遷。陳世倌山東巡撫。

庚寅，田文鏡河南巡撫。

甲寅召。石文焯陝西巡撫。

遷。辛卯，胡期恆甘肅巡撫。

免。黃叔琳浙江巡撫。八月壬午免。佟吉

寅罷。王朝恩湖南巡撫。

免。塞爾圖署四川巡撫。六月庚子，王景

未遷。李紱廣西巡撫。

圖署。庚寅，石文焯調署。十一月甲寅調。法
瀨代。

	雍正	三年乙巳
	江蘇	何天培三月丙寅遷。張楷江
	安徽	李成龍八月甲戌遷。魏廷珍
	山東	陳世倌
	山西	諾岷正月甲子免。伊都立署
	河南	田文鏡
	陝西	石文焯四月己卯調。圖理琛
	甘肅	胡期恆三月癸亥罷。岳鍾琪
	福建	黃國材七月癸亥免。乙丑，毛
	浙江	法海六月己亥召。甘國奎署
海代。	江西	裴倖度
	湖北	納齊哈卒。五月丙辰，法敏湖
	湖南	王朝恩十月庚寅遷。布蘭泰
	四川	王景灝十二月乙丑免。法敏
	廣東	年希堯四月丁丑遷。己卯，楊
	廣西	李馥八月庚寅遷。鄂爾泰廣
	雲南	楊名時十月庚寅遷。鄂爾泰
	貴州	毛文銓四月丁亥召。石禮哈

蘇巡撫。

安徽巡撫。

山西巡撫。十月戊申遷。布蘭泰代。庚寅，伊

署陝西巡撫。

兼理甘肅巡撫。四月己卯，石文焯代。正月

文銓福建巡撫。

浙江巡撫。八月丙寅，法敏署。十月戊申，李

北巡撫。十二月乙丑調。李成龍兼。三月庚

湖南巡撫。

四川巡撫。

文乾廣東巡撫。

西巡撫。十月庚寅調。汪漋代。

雲南巡撫。楊名時仍兼管。

署貴州巡撫。八月戊寅，張謙代。十一月癸

雍正四年丙		
江蘇	張楷八	
安徽	魏廷珍	
山東	陳世倌	
山西	伊都立	都立兼管巡撫。
河南	田文鏡	
陝西	圖理琛	
甘肅	石文焯	癸亥，胡期恆召。彭振翼署。
福建	毛文銓	
浙江	李衞	衞代。
江西	裴倖度	
湖北	鄭任鑰	戊，納齊哈假。楊宗仁兼署。
湖南	布蘭泰	
四川	法敏十	
廣東	楊文乾	
廣西	汪漋調。	
雲南	楊名時	
貴州	何世基	亥，何世基代。

午

月癸未召。陳時夏署江蘇巡撫。

九月庚子憂免。塞楞額署山東巡撫。

三月丙午召。高成齡署山西巡撫。尋回任。

八月癸未召。岳鍾琪兼署陝西巡撫。十月

十二月壬午遷。常賚福建巡撫。

五月丁酉遷。汪漋江西巡撫。十月乙酉免。

二月乙亥，湖北巡撫。十月乙酉遷。憲德代。

月丁丑調。馬會伯四川巡撫。

五月丁酉，甘汝來廣西巡撫。八月癸未入

雍正五		
江蘇	陳	
安徽	魏	
山東	塞	
山西	德	十一月辛卯調。德明代。
河南	田	
陝西	法	丁丑，法敏代。
甘肅	石	
福建	常	
浙江	李	
江西	伊	邁柱署。十一月辛卯，伊都立代。
湖北	憲	
湖南	布	
四川	馬	
廣東	楊	
廣西	韓	覲。韓良輔署。
雲南	楊	
貴州	何	

年丁未
時夏
廷珍
楞額
明六月乙巳遷。覺羅石麟山西巡撫。
文鏡
斂六月戊戌免。張保陝西巡撫。十一月丁
文焯　鍾保護甘肅巡撫。九月乙丑罷。十
賚
衞
都立五月癸酉召。布蘭泰江西巡撫。
德五月癸酉調。馬會伯湖北巡撫。
蘭泰五月癸酉調。王國棟湖南巡撫。
會伯五月癸酉調。憲德四川巡撫。
文乾二月癸亥假。常賚署廣東巡撫。七月
良輔二月戊寅,補廣西巡撫。九月丙寅免。
名時二月乙亥免。朱綱雲南巡撫。
世堪十月己丑入覲。祖秉圭署貴州巡撫。

巳遷。西琳代。

月己酉，莽鵠立署。

癸酉，阿克敦署。九月丙寅調。壬申，石禮

阿克敦署。十一月庚辰，祖秉圭代。

十一月庚辰調。沈廷正代。

		雍正六年戊申
	江蘇	陳時夏 五月壬申免。張坦麟
	安徽	魏廷珍
	山東	塞楞額 六月己丑遷。岳濬署
	山西	覺羅石麟
	河南	田文鏡
	陝西	西琳 十二月庚子免。張廷棟
	甘肅	莽鵠立 八月乙未免。劉世明
	福建	常賚 正月壬戌調。朱綱福建
	浙江	李衛
	江西	布蘭泰 八月甲申召。張坦麟
	湖北	馬會伯
	湖南	王國棟
	四川	憲德
哈署。	廣東	石禮哈 八月乙酉，傅泰署
	廣西	祖秉圭 五月癸丑，金鉷廣
	雲南	朱綱 正月壬戌調。常賚雲南
	貴州	沈廷正 六月癸巳調。張廣泗

署江蘇巡撫。八月甲申調。尹繼善署。

山東巡撫。

署陝西巡撫。

甘肅巡撫。十月壬辰調。許容代。

巡撫。尋卒。十月壬辰，劉世明代。

署江西巡撫。

廣東巡撫。

西巡撫。

巡撫。六月癸巳罷。沈廷正代。

貴州巡撫。辛丑差。沈廷正留署。

雍正	七年己酉	
江蘇	尹繼善	二月丁丑，補江蘇巡撫。王
安徽	魏廷珍	
山東	岳濬	四月癸巳，假。費金吾署山東
山西	覺羅石麟	
河南	田文鏡	
陝西	張廷棟	二月戊寅，武格陝西巡
甘肅	許容	
福建	劉世明	
浙江	李衞	三月丙寅入覲。蔡仕舢署浙
江西	張坦麟	閏七月甲戌來京。謝旻署
湖北	馬會伯	四月壬寅差。趙弘恩署湖
湖南	王國棟	九月癸酉召。趙弘恩署湖南
四川	憲德	十月癸卯，邁柱兼理四川
廣東	傅泰	
廣西	金鉷	
雲南	沈廷正	
貴州	張廣泗	

雍正	
江蘇	璣署。七月罷。彭維新署。
安徽	
山東	巡撫。十二月甲寅，岳濬補。
山西	
河南	
陝西	撫。
甘肅	
福建	
浙江	江巡撫。
江西	江西巡撫。
湖北	北巡撫。十一月丙子遷。費金吾代。
湖南	巡撫。
四川	巡撫。
廣東	
廣西	
雲南	
貴州	

八年庚戌	
尹繼善	
魏廷珍	五月戊辰，調。程元章安徽巡撫。
岳濬	十月甲子，召。王國棟署山東巡撫。劉
覺羅石麟	
田文鏡	
武格	
許容	
劉世明	五月癸酉，遷。陳世倕福建巡撫。
蔡仕舢	
謝旻	
費金吾	五月戊辰，魏廷珍湖北巡撫。
趙弘恩	
憲德	
傅泰	召。五月癸巳，鄂彌達廣東巡撫。
金鉷	
沈廷正	八月壬戌，遷。張允隨雲南巡撫。
張廣泗	

	雍正九年辛亥	
江蘇	尹繼善　七月丁卯遷。王	
安徽	程元章	
山東	岳濬	於義協辦。
山西	覺羅石麟	
河南	田文鏡　四月癸巳召。張	
陝西	武格　七月戊辰召。馬爾	
甘肅	許容	
福建	陳世倕	
浙江	蔡仕舢　九月辛未，王	
江西	謝旻	
湖北	魏廷珍　四月甲午召。王	
湖南	趙弘恩	
四川	憲德	
廣東	鄂彌達	
廣西	金鉷	
雲南	張允隨	
貴州	張廣泗	

國棟署江蘇巡撫。九月辛未調。喬世臣

元懷署河南巡撫。

泰署陝西巡撫。史貽直協辦。

國棟署浙江巡撫。

士俊署湖北巡撫。

		雍正十年壬子
代署。	江蘇	喬世臣
	安徽	程元章 七月戊戌遷。徐本署
	山東	岳濬
	山西	覺羅石麟
	河南	田文鏡 十一月戊戌病免。孫
	陝西	馬爾泰 十一月丁酉差。史貽
	甘肅	許容
	福建	陳世倕
	浙江	王國棟 七月庚子召。程元章
	江西	謝旻
	湖北	王士俊 十一月庚子遷。德齡
	湖南	趙弘恩
	四川	憲德
	廣東	鄂彌達 二月癸丑遷。楊允斌
	廣西	金鉷
	雲南	張允隨
	貴州	張廣泗 二月癸丑遷。元展成

雍正十一		
江蘇	喬世	
安徽	徐本	安徽巡撫。
山東	岳濬	
山西	覺羅	
河南	孫國	國璽署河南巡撫。
陝西	史貽	直署陝西巡撫。
甘肅	許容	
福建	陳世	
浙江	程元	兼浙江巡撫。
江西	謝旻	
湖北	德齡	湖北巡撫。
湖南	趙弘	
四川	憲德	
廣東	楊永	署廣東巡撫。
廣西	金鉷	
雲南	張允	
貴州	元展	署貴州巡撫。十二月丙寅補。

年癸丑

臣入覲。六月甲戌,孫國璽署江蘇巡撫。九

十二月己未遷。王紘安徽巡撫。

石麟

璽四月壬申遷。王士俊兼管河南巡撫。

直遷。十二月庚申,碩色陝西巡撫。

倕

章

十二月庚申遷。常安江西巡撫。

恩九月己卯遷。鍾保署湖南巡撫。

十二月庚申,鄂昌四川巡撫。

斌

隨

成

	雍正十二年甲寅	
江蘇	高其倬	月己卯，高其倬署。
安徽	王紘十一月己	
山東	岳濬	
山西	覺羅石麟	
河南	王士俊	
陝西	碩色	
甘肅	許容	
福建	趙國麟十月己	
浙江	程元章	
江西	常安	
湖北	德齡五月壬辰	
湖南	鍾保	
四川	鄂昌	
廣東	楊永斌	
廣西	金鉷	
雲南	張允隨	
貴州	元展成	

	雍正	十三年乙
	江蘇	高其倬
未。遷趙國麟安徽巡撫。	安徽	趙國麟
	山東	岳濬
	山西	覺羅石麟
	河南	王士俊十
	陝西	碩色
	甘肅	許容
未。調盧焯福建巡撫。	福建	盧焯
	浙江	程元章十
	江西	常安十一
差。楊馥署湖北巡撫。	湖北	楊馥正月
	湖南	鍾保十一
	四川	鄂昌免。正
	廣東	楊永斌
	廣西	金鉷
	雲南	張允隨
	貴州	元展成十

卯

一月丙辰召。富德河南巡撫。

二月丙戌免。嵇曾筠兼管浙江巡撫。

月丁巳召。俞兆岳江西巡撫。

壬辰調。吳應棻署湖北巡撫。

月丁巳，補湖南巡撫。

月壬辰，楊馥四川巡撫。

一月己未罷。張廣泗貴州巡撫。